近江歴史回廊

近江戦国の道

新版

近江盆地は、はやくから文化が開け、日本各地を結ぶ交通の要衝として、幾度も歴史の表舞台に登場してきました。雄大な自然と、それぞれの時代を代表する豊かな歴史文化資源に恵まれ、滋賀県の保有する国宝や国指定文化財の数は全国でも有数を誇っています。近江歴史回廊構想は、滋賀県が提唱する「新しい淡海文化の創造」への取り組みの一環として、貴重な歴史文化資源を掘り起こし、保存・整備・活用し、全国に情報発信することにより、地域の個性化や活性化を図り、ひいては未来のまちづくりやひとづくりに活かしていくことを目的に、策定されました。本書は、構想の中で提案している十の探訪ルートのひとつ「近江戦国の道」について、わかりやすく解説しました。本書を通じて、奥深い近江の歴史文化に触れていただけることを望んでいます。

近江歴史回廊推進協議会

戦国時代——
織田信長、豊臣秀吉、徳川家康など
天下取りを志す武将たちが近江の国を駆けめぐり
後世の都市基盤となる城下町が出現した
「近江を制するものは天下を制す」と言われ
京の都に近く、交通の要衝であった近江の国。
ここを支配することが天下統一の第一歩であった。
安土の地を選んだ信長の知謀
天下平定にかけた秀吉の執念

賤ヶ岳の敗戦がもたらしたお市の方の涙
「近江戦国の道」には
武将たちの描いた巨大なロマンや
戦火の陰に生きた女性の悲劇など
さまざまなストーリーを垣間見ることができる。

CONTENTS

近江戦国の道 新版

膳所城北大手門が移設された篠津神社境内。膳所城は、慶長６年（1601）に諸国の大名の助勢を得て築城が始まり、湖中に突き出した本丸に天守があった。本丸跡の膳所城跡公園は、さくらの名所として知られ、市民の憩いの場になっている。現在も勢多口総門の番所や家老屋敷があった響忍寺《こうにんじ》の長屋門などが残り、城下町の面影を色濃く伝えている。

重要文化財の指定を受ける盧花浅水荘《ろかさんすいそう》は、日本画家山本春挙の別荘で、修復工事を終えた平成15年秋から一般公開されている。かつては琵琶湖に面し、対岸の三上山を借景にしていた。

比叡山での厳しい戒律修行を終えた老僧が住まいした坊舎は里坊と呼ばれ、いずれも清閑な庭園が四季おりおりに彩りを添える。里坊の周囲は穴太衆積みの石垣を構えている。

天台宗の高僧による戸津説法が行われる名刹東南寺には、明智光秀の家臣を弔う多くの石仏が眠る。

琵琶湖東岸から望む堅田のまちなみ。ポルトガルの宣教師ルイス・フロイスが「甚だ裕福なる堅田と称する町」と記録したほど、中世後期に繁栄を見せた。

戦国時代に坂本への渡船場のひとつであった志那渡《しなのわたし》（草津市）を抑えていた芦浦観音寺。近世前期に琵琶湖水運を支配した船奉行で、観音寺第９世詮舜《せんしゅん》は秀吉に仕え、蔵入地の大官・船奉行として活躍した。

近江八幡市の最西部、かつては水茎内湖と琵琶湖に囲まれ、島全体が城という「浮城、岡山城」があった。戦後の干拓で今は田園の中の丘陵地になっているが、足利義植を擁立する幕府と戦った伊庭氏と九里《くのり》氏の大義の歴史がここに残る。

八幡山の築城と同時に掘削された八幡堀は、八幡町の繁栄に寄与すると同時に秀次追放後に多くの商人が輩出する原動力となった。若き城主秀次の城下町建設を補佐した秀吉家臣のひとり田中吉政は、のちに岡崎、柳川の城下町建設でここの成果を踏襲している。

墓石や地蔵仏など多くの石材を利用してできた安土城の石段。20年計画の整備事業が進み、築城後わずか３年で焼失し、なぞに包まれた安土城の全容が次第に解明されつつある。

繖山西麓、西国薬師霊場第四十六番札所の桑実寺は、白鳳６年（691）に天智天皇の勅願により建設され、本尊の薬師師寺如来が祀られている。寺名は定恵和尚（藤原鎌足の長子）が桑の実を唐より持ち帰り、この地で日本で最初に養蚕を教えたのが由来とされている。ここから観音寺城跡へ山道が続いている。

近江を制するものは
天下を制す

道の国―近江

近江は地形的に日本列島の東と西、北と南を結ぶほぼ中心に位置している。そして近江の地名の由来ともなった淡海《おうみ》＝琵琶湖が、近江の中央に南北に細長く横たわる。この恵まれた地理的立地を背景に、奈良時代から東国・西国・北国をつなぐ主要な道が近江をめぐっていた。

それは日本を代表する東海道・東山道・北陸道であった。平安時代には三道に都を守る防御線として関が設置された。すなわち東海道に鈴鹿関、東山道の不破関、北陸道の愛発関である。のち愛発関にかわり逢坂関が登場したが、三関とも近江国と接する隣国の国境に設けられた。これからも近江が早くから日本交通史上重要な位置を占めていたことを物語っている。三道は、道筋は若干異なるが現在も近江の道の根幹を成す。年代がくだるにしたがい多くの道が派生し、近江国内を縦横に通じ合い、まさに回廊の様相を呈するようになった。

近江の歴史と文化の重層性を考える場合、前述のように近江が交通の要衝であるとともに、およそ千年にわたる朝廷のあった大都市京都に隣接していたことが大きな要因となっていた。そのために近江が都をめざす人々にとって、重要な第一関門に当たっていたのである。とくに天下人を夢みる人々は、まず近江の制圧いわばどのように近江を掌握するかに心血を注いだのであった。その事例はすでに古代からみられるが、中世以降たびたび歴史上に登場している。

ちなみに、平治元年（一一九五）の平治の乱、寿永三年（一一八四）の寿永の合戦、承久三年（一二二一）の承久の乱などあげれば枚挙にいとまがない。いずれも近江を舞台にした戦乱であり、その勝敗がときの政権に大きな影響を及ぼしたことは言をまたない。これがより顕著になったのは、戦国時代に入ってからである。ほぼ十六世紀の中葉から十七世紀の初頭までおよそ六十年間のことであった。いわゆる織田信長・豊臣秀吉そして徳川家康が、近江を舞台にして勝利を得て、政権の座についたときと軌を一にしているといえるだろう。

信長の近江進出

この嚆矢《こうし》となったのは、戦国時代の革命児ともいえる織田信長の出現であった。信長は天文三年（一五三四）に尾張（愛知県）で出生し、十三歳のとき信長を名乗る。その後戦功をたて永禄二年（一五五九）二十六歳のときに尾張統一の報告を兼ねて、将軍足利義輝に謁見のために上洛した。このとき信長は、はじめて近江を通ったのである。帰路は守山・永源寺前から八風《はっぷう》峠を越えている。そのあと信長は、早くも美濃国（岐阜県）を掌握し、同十年（一五六七）居城を岐阜城に移した。そしてその年末には早々に近江の江北の強豪浅井氏と同盟を結ぶべく「戦国一の美女」といわれた妹お市を浅井長政に嫁がせている。これが信長の近江進出の大きな足がかりになったことはいうまでもない。

現にその翌年から信長は、自らの上洛の前に立ちはだかる、江南の名族佐々木六角氏および近江の諸将に対してあらゆる懐柔策を試みた。たとえば六角氏の家臣永原氏・佐治氏と盟約を結び所領を安堵しているほどだ。その年の八月、岐阜城を出発し、はじめて浅井氏の需要な支城佐和山《さわやま》城（彦根市）に出向き、六角氏の居城である観音寺城（安土町）城主六角承禎（義賢）に対して、上洛の承諾および自分が奉ずる足利義昭への忠節について使者を遣わした。しかし、承禎はそれを拒否したため、信長は軍を整うべくいったん岐阜に帰城したのである。

信長は実力による上洛を行おうと六万の大軍を率いて近江に入った。東山道高宮を経て愛知川付近で野陣し、まず観音寺城の支城にあたる箕作《みつくり》城（東近江市）を陥れ、ここに陣を移した。六角承禎・義治（義弼）父子は、箕作城の落城を知るや、承禎の壮年期に堅固な城として築城した名城観音寺城で戦うことなく、夜半に城を抜け出て甲賀へ敗走。承禎はあまりにも迅速な信長の進攻で、堅城を有しながら防備に万全を期することなく、あえなく落城の憂き目にあった。そのうえ六角氏の重臣たち、たとえば後藤・永田・進藤・池田・平井らは、いち早く信長の支配下に入った。彼らは六角承禎の味方であることを誓う「六角氏式目」の起請文にかつて連署した六角氏の有力家臣たちであった。信長はこれで事実上念願の近江の掌握の基礎をつくったことになった。それは浅井長政と同盟を結んで、わずか一年足らずという早い行動力であった。

そして信長は、足利義昭を奉じて桑実寺《くわのみでら》（安土町）に迎え、そのあと義昭とともに琵琶湖を船で渡り、大津園城寺《おんじょうじ》（三井寺）に入り、義昭は支院の光浄院に宿泊した。永禄十一年（一五六八）九月二十六日、信長は義昭とともに晴れて入京《にゅうきょう》したのである。

姉川の合戦

元亀元年（一五七〇）信長は、伊勢国を平定し、先年上洛要請を拒否した越前国守護大名朝倉義景（一五三〇〜七三）の討伐に出発し、京都から北国道の坂本・和邇《わに》・田中・海津を経て若狭から越前に入った。しかし、合戦の途中に同盟を結んでいた妹婿浅井長政の進攻にあい、退却を余儀なくされたことは有名な話だ。そのとき信長は少人数で若狭から朽木谷《くつき》・葛川《かつら》から京都に入り、六角氏の反撃を避けて甲賀・鈴鹿山系の千草越を経て岐阜城に帰城している。

その一ヶ月後に信長は、反信長側に立った浅井長政攻めを開始し、長政が守る小谷城《おだに》（湖北町）の城下を焼き払い、近くの虎御前山《とらごぜん》（虎姫町）に陣を移した。そして、信長軍と将軍徳川家康側と、浅井長政と旧来の同盟を結んでいた朝倉義景側が、姉川をはさんで対峙し、両軍の血で染まる壮烈な「姉川の合戦」が繰りひろげられたのである。この合戦は、信長が近江を舞台にした戦いの中で最も大規模で、いまも地域で語り継がれる合戦であった。これによって長政らは小谷城へ敗走したのである。

ところで、近江ではこれ以外に信長に立ち向かったのは、本願寺教如《きょうにょ》に先導された真宗門徒であった。なかでも湖北三郡（北三郡）の代表的な真宗寺院で形成された江北十ヶ寺（福田寺《ふくでん》・誓願寺・称名寺・浄願寺など）があった。この十ヶ寺の門徒は、地域の地侍名主的な性格をもち、信仰に裏付けられた強力な門徒組織で構成されていたのである。彼らは本願寺の命で、ともに盟約を結び一向一揆を組織し、真向から信長に抵抗していった。

姉川の合戦のあとも真宗門徒による一向一揆や浅井・朝倉両軍の信長への強い抵抗が続いた。ちなみに、浅井・朝倉軍は、信長が山城国にいる間に宇佐山城（大津市）を攻め、信長の重臣織田信治・城主森可成《よしなり》を討ち取った。それを耳にした信長は、急遽近江入りをしたが、浅井・朝倉軍は近くの比叡山に立てこもった。これが有名な比叡山焼き討ちの大きな伏線になったことは記するまでもない。

翌元亀二年（一五七一）信長は、早速比叡山への攻略に着手した。信長は横山城（長浜市）を出て木之本、余呉の集落に火を放ち、佐和山城に着陣。一向一揆の拠点のひとつ志村城（東近江市）や金森城（守山市）を落城させたあと聖域の比叡山の焼き討ちを開始した。まず山麓の門前町坂本の民家・堂舎・日吉社などを焼き払い、比叡山に登り延暦寺を炎上させたのである。

湖岸に坂本城

比叡山焼き討ちの直後に信長は、比叡山麓の湖岸に湖水を利用した典型的な水城の坂本城を築城し、重臣の明智光秀に守らせた。この地は湖上交通の拠点坂本港と北国道に隣接した水陸交通の要所にあたっていた。城郭については注目をあびていたとみえ、イエズス会の宣教師として来日していたルイス・フロイスの著書『日本史』のなかに、

「明智は都から四レーグア（四里）ほど離れ比叡山に近く（中略）、大湖（琵琶湖）のほとりにある

坂本と呼ばれる地に邸宅と城砦を築いたが、それは日本人にとって豪壮華麗なもので、信長が安土山に建てたものに次ぎ、この明智の城ほど有名なものは天下にないほどであった」

とあり、また、同書に光秀のことについて「築城のことに造詣深く、優れた建築手腕の持ち主」とあるので、優れた城郭であったことが推察できる。

信長はその翌年に、横山城を守る木下藤吉郎（秀吉）に浅井長政の攻略を指示し、自らも山本山城（湖北町）や竹生島（長浜市）などを攻めるが勝敗は決しなかった。そのころ将軍足利義昭も反信長戦線に加わったのである。

やがて信長は岐阜城から佐和山城に入り、丹羽長秀に命じ国内の鍛冶・大工を集めて長さ三十間（約五十四メートル）、横七軒（約十三メートル）、櫓百挺たての大船を建造させた。もちろんこの大船は、史料のうえでもいままでの琵琶湖における最大級の船であった。義昭が挙兵することを聞くや信長は、佐和山城下の松原浦からこの新大型船で、湖上を一路坂本へ航行し、すぐさま京都へ入った。湖上を使用してのあまりにも早い信長の行動によって、義昭軍は対応もできないまま、京都から追放された。ここに三百三十七年間続いた室町幕府は滅亡したのである。このように信長の、近江の陸上の道と同様に、湖上の道を視野に入れての動きは注目すべきことだろう。

浅井氏滅亡

信長はいよいよ、いまだ反信長として残る浅井・朝倉連合軍への討伐に出向いた。そのとき長政の家臣阿閉氏が信長側に寝返り、小谷城攻略が容易となり、ついに難攻不落の小谷城を陥れた。その前に朝倉義景も自刃させている。小谷城の落城直前には、長政の妻お市（小谷）の方とその子三姉妹（茶々・はつ・とく）の四人は信長側に救出された。しかし、お市をはじめとする姉妹たちは、その後それぞれ武将の妻として戦国時代を象徴するかのような波乱に満ちた生涯を送ったのである。なかでも二女が嫁いだ京極高次は、大津城主のときに関ヶ原合戦が発生。三女が結婚した徳川家康の子秀忠との関係で板ばさみとなり最初西軍に味方し、あとついに「大津籠城」をして東軍を有利に導いたのもその一つであった。これも武将の野望の陰に生きた悲劇のドラマである。

それはともかくとして、浅井氏討伐をしたその翌年正月、信長が諸将の参賀のあと浅井久政・長政の父子と朝倉義景の首を飾って酒宴を開いたことはあまりにも有名だ。それほどまでに天下統一に執念を燃やしていた信長の前に立ちはだかった三人には、異常なまでに怨念の思いをもっていたことを物語っている。

信長は、その後近江国平定に二ヶ年を費したが、その間近江をはさんで岐阜と京都のあいだを幾度となく往還した。そのおもなルートは、『信長公記』などによると、岐阜から東山道を佐和山城―永原（野洲市）—大津、佐和山城—湖上—坂本—志賀越—京都、また、京都—坂本—常楽寺港（安土町）—佐和山城—岐阜が多かった。この事実からも信長は、前述した近江の交通の特性である湖上の道をいかに重要視していたかを知ることができよう。

安土城の築城

天正四年（一五七六）信長は、いままでの居城であった岐阜城を長男信忠に譲り、近江国の支配と畿内の平定を目的に、近江の安土に新しく城を築いた。安土の地は岐阜と京都、さらに近江国のほぼ中間にあたっていた。そして築城の安土山は、琵琶湖に突き出した要塞の地にあり、山麓の常楽寺港は湖上交通の拠点でもあった。また、安土城はいままでの城郭とは異なり五層七重の華麗かつ豪壮な天主をもち、戦国乱世の頂点に立つ信長にふさわしい城であった。まさに安土城は、「天下布武」の信長にとって理想の地であったのだ。

おそらく信長は安土山の築城に対しては、推考を充分に重ね、天下人としての自覚をもってこの地を選び、すぐれた城郭をめざしたに違いない。地形的な立地を読み取るに卓越した信長は、意識のなかに佐和山城と坂本城の存在価値も大きかった。東山道筋の佐和山城、北国道筋の坂本城は、いずれも琵琶湖に接し、まさに水陸交通の要所にあたっていたのである。三つの地点を結ぶネットワークとしての軍事的、経済的各条件を見極めて、安土に築城したのではないかと考えられる。

いっぽう、安土城下の興隆政策として信長は、「安土山下町《さんげちょう》中掟書《ちゅう》」を定め、楽市楽座を行い諸役免除として商業活動の自由を認めた。そして、安土城においては年々正月に全国の大名・諸将たちの参賀も多くなった。とくに天正十年（一五八二）は、安土城に登城する人々で賑わい、百々《どど》橋から摠見寺に至る石垣が崩れ死傷者が出るほどであった。これからも安土を中心とした近江の東山道、八風《はっぷう》街道（中山道武佐付近—八日市市—永源寺町高野—八風峠—三重県桑名）、北国道、あるいは湖上の道を往来した人々による殷賑《いんしん》ぶりが想像できる。

そして、その年の六月に信長は、小姓衆を従えて安土城を出発し、一年三か月ぶりに上洛した。京都の本能寺において信長の甲斐国制圧を祝賀する宴が催されたが、そのあと重臣明智光秀の急襲によって四十九歳をもって波乱に満ちた生涯を閉じたのである。近江を中心とした信長の行動を略述したが、近江の戦国時代の歴史は、信長を主人公に形成されたといっても過言ではない。その足跡をみると信長は、戦略的に近江国のもつ特性、なかでも東西南北を結ぶ道が包含する機能を十二分に認識してのことであったといえよう。

秀吉と長浜城

織田信長のあとを継いだのは、重臣豊臣秀吉であった。天文二十二年（一五五四）十八歳のとき信長に仕え、持ち前の機知と行動力を駆使して幾多の合戦で活躍した。姉川の合戦のあと浅井長政の居城小谷城の監視役の使命をもつ横山城の守将となった。これが秀吉と近江との深い結びつきとなった端緒であった。

秀吉は、すでに述べたように信長方の有力な武将として、近江における合戦で数々の戦功をあげた。なかでも天正元年（一五七三）八月、信長の命で秀吉は小谷城を攻め、滅亡させている。この戦功によって浅井氏の旧領江北三郡と小谷城が与えられた。ここに秀吉は念願の一国一城の大名となり、この年に旧姓木下から羽柴に姓を改めているが、秀吉にとってこの近江が記念すべき土地となったのであった。

翌年、秀吉は江北の経営に乗り出したが、居城の小谷城がやや北に寄り過ぎていることから、水陸交通の要所にあたる湖岸の今浜の地を選び築城に着手。いつ移城したかは不明であるが、秀吉は今浜に小谷城を移城すると、その地を長浜に改めたのである。秀吉は長浜城下の形成に力を注ぎ、町人たちへの諸役や町屋敷年貢の免除をするなどの特権を与えた。また、領国の支配にも尽力し、「本能寺の変」までのおよそ十年間、長浜城を居城としていた。

「本能寺の変」のあと秀吉は、直ちに明智光秀を敗り、名城とうたわれた坂本城も落城した。そして信長の後の天下の政権は、秀吉、柴田勝家、池田恒興、丹羽長秀の四人の奉行があたることになった。近江国と長浜城は柴田勝家、秀吉は山城国を領有することになったのである。しかし、ほどなく信長の後継者をめぐって反秀吉戦線が活発化した。それを察知した秀吉は、すぐさま五万の大軍を近江に集結させて、まずは、かつての居城長浜城を陥れ、再び江北を支配下に入れた。

天正十一年（一五八三）には、こんどは越前で柴田勝家が蜂起《ほうき》し、秀吉軍との間で北国道筋を含めての「賤ヶ岳合戦」が展開され、勝家は滅亡した。この合戦は戦国時代の近江においては、信長・徳川家康連合軍と浅井・朝倉義景連合軍とが激突した姉川の合戦に次ぐ激戦であった。合戦の勝利は秀吉を、天下人への道を歩む大きな要因となったといえるだろう。

その後秀吉は、かつての信長と同じように諸国の平定に力を注いだ。そのために秀吉も近江を重要な往還のルートとして使用した。おもに琵琶湖の東岸から、西岸にある坂本港へ、そして京都、またその逆のルートも多かった。そして秀吉が大坂城を築城してからは、近江での発着点は坂本から東海道筋の大津浦へと移行したのである。

家康と彦根城

ところで、天下人となった秀吉は、秀吉の姉の子秀次（一五六八〜九五）を養子とし、関白職を譲った。天正十三年（一五八五）八月、わずか十八歳の秀次は八幡山（近江八幡市）に築城された八幡城主（二十万石）となった。そのときの補佐役として水口城主中村一氏《かずうじ》、佐和山城主堀尾吉晴《よしはる》、長浜城主山内一豊、そして田中吉政らがあたった。秀次は信長の楽市楽座をもりこんだ安土城下の掟書を見習い「八幡山下町中掟書」を定め、八幡城下を自由商業市場とした。諸役免税については廃城後も既得権として存続し、八幡町発展の基礎となった。秀次は太閤秀吉に実子秀頼が出生して以降、秀吉との関係が不和となり、二十七歳をもって悲劇的な最期を遂げた。

秀吉が慶長三年（一五九八）病没したのち、再び天下の政権をめぐって石田三成を中心とする旧豊臣軍と家康を将とする東軍との天下分け目の合戦といわれた「関ヶ原の戦い」が、近江と美濃の国境近くで行われ、家康が勝利をおさめ天下を掌握したのである。家康は、かつての信長や秀吉と同様に、日本の道の回廊近江の地を重要視した。

まず、関ヶ原の合戦の翌年家康は、全国で最も早く膳所《ぜぜ》ヶ崎に水城の膳所城を築城。その城下には監視の意味を含めて東海道を組み入れている。そして、石田三成の居城であった佐和山城を廃し、新たに彦根山（金亀山《こんき》）に彦根城を築城した。それは京都のおさえとして、さらに西国大名の監視の機能が強かった。徳川氏譜代筆頭の井伊直勝（直継）は、慶長八年（一六〇三）から約二十年の長い歳月をかけて城郭を完成している。城郭には前政権のかかわりの深い大津城、安土城、佐和山城、長浜城の各城を潰し、石垣や資材の多くが利用されたという。これらの二つの築城からみても家康が、近江国の地形的軍事的な諸要素を認識しての采配であったといえるだろう。なお、現在も日本を代表する国宝彦根城と旧城下町には、かつての大藩の歴史と文化を随所にみることができる。

戦国時代を代表する織田信長・豊臣秀吉・徳川家康の三人は、まさに自己が志向した天下人になった。それ以外の浅井長政・六角承禎・明智光秀・柴田勝家・石田三成らは、それぞれやはり頂点を望んだが志なかばで挫折してしまった。どの武将も共通していえることは、近江を舞台にして天下をめざしたということであった。「近江を制するものは天下を制す」といわれているように、近江の国をなくして日本の戦国時代は成立しなかったといっても過言ではない。戦国時代は、近江の歴史のなかで最も激動のときであり、そのたびに地域の人々を大きく巻き込んだ戦いの舞台となった。

そして、武将たちがそれぞれ本拠としていた城郭を中心に形成された旧城下町は、その後地域の核的存在となり、現在まで都市あるいはまちとして豊かな歴史や文化を育んできたのである。いま私たちはこれらの旧城跡、町並み、社寺、古戦場などの「近江戦国の道」をたどれば、戦国時代の歴史や文化の足跡を追体験することができるとともに、地域の歩みを新たに発見することができるだろう。

（木村至宏）

近江戦国の道主要探訪地

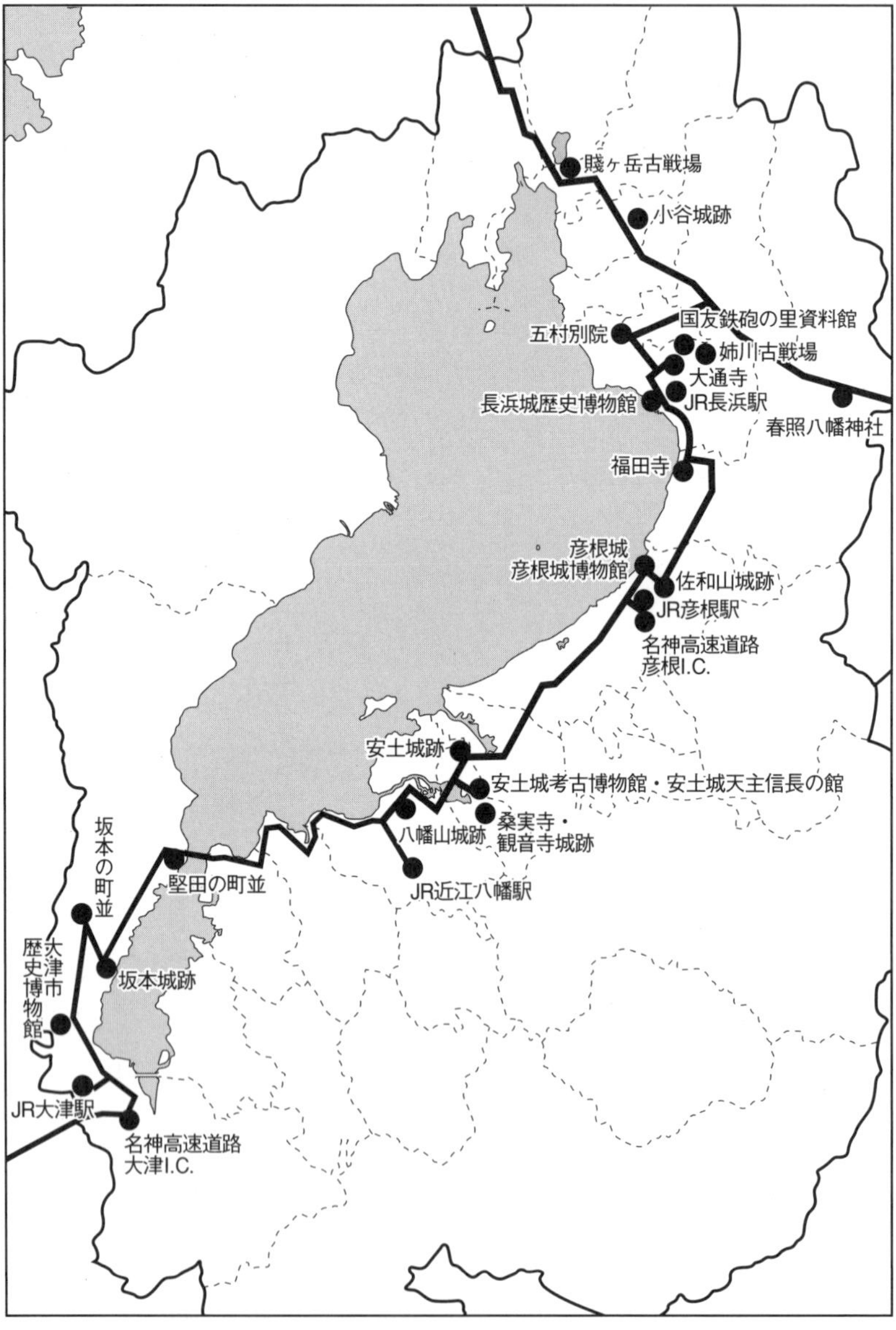

大津から坂本・堅田へ

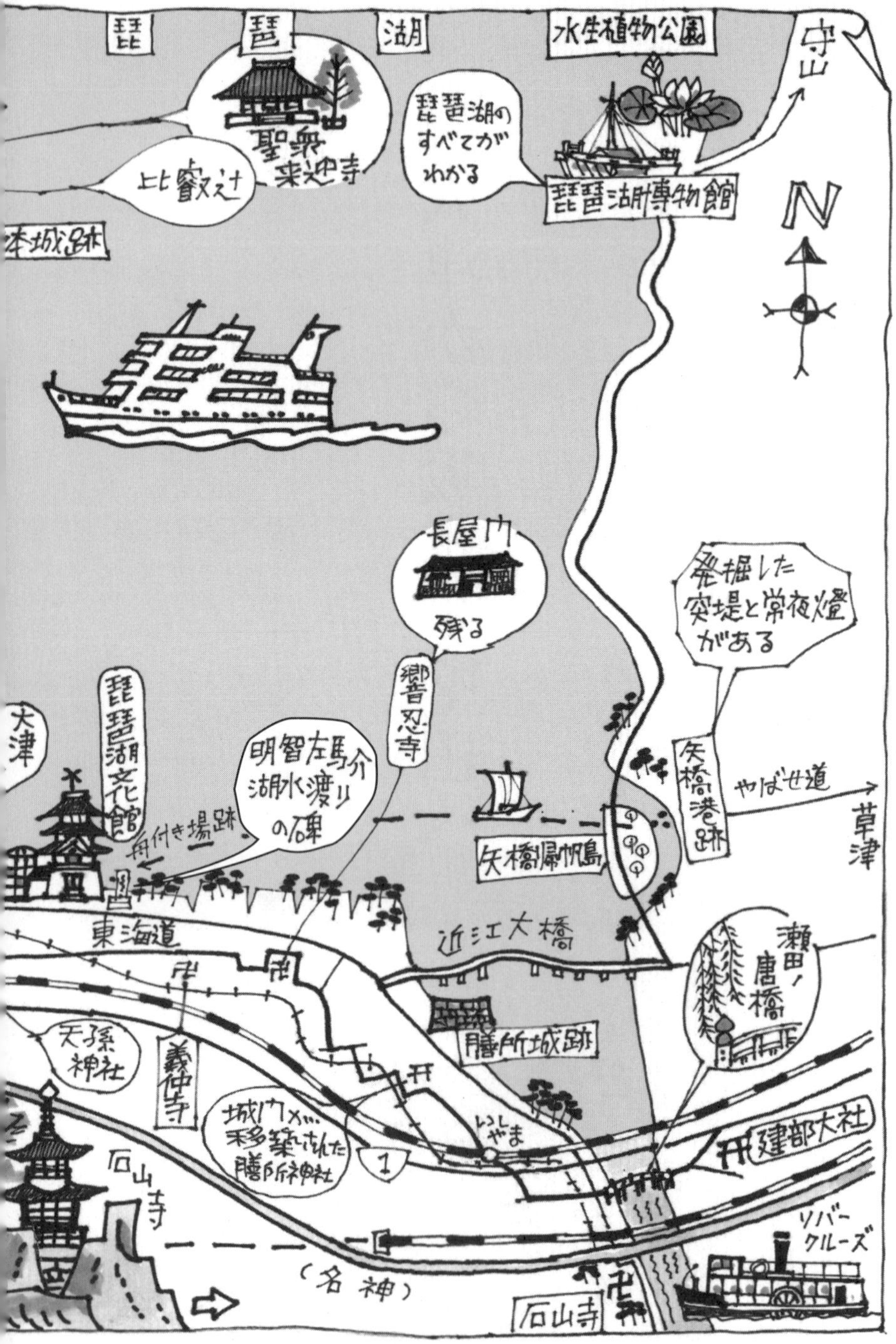

琵
琶
湖
水生植物公園
守山
聖衆来迎寺
比叡辻
琵琶湖のすべてがわかる
琵琶湖博物館
N
本城跡
長屋門残る
発掘した突堤と常夜燈がある
響忍寺
大津
琵琶湖文化館
明智左馬介湖水渡りの碑
舟付き場跡
矢橋港跡
やばせ道
草津
矢橋帰帆島
東海道
近江大橋
瀬田唐橋
膳所城跡
天孫神社
義仲寺
城門が移築された膳所神社
いしやま
1
建部大社
石山寺
リバークルーズ
(名神)
石山寺

横川中堂〜堅田
比叡山
848m
釈迦堂
西塔
根本中堂
東塔
延暦寺
山頂遊園へ
日吉大社
東照宮
ケーブルカー
西教寺
里坊群
今津
坂本
ひえいさかもと
滋賀院
慈眼堂
穴太
盛安寺
穴太衆の里
JR湖西線
京阪石山・坂本線
唐崎の松
田ノ谷峠
京・北白川
(山中越え)
宇佐山城跡
近江神宮
柳が崎
円満院
大津
大津市歴史博物館
はまおおつ
三井寺
札ノ辻
フェノロサの墓がある法明院
小関越え
京へ
長等神社
京・三条へ
京阪京津線
やましな
山科
1
京都へ
関蝉丸神社
逢坂関
京都東IC
JR新幹線
大阪・神戸へ
Yoshino

みちしるべ

◆大津別院

東本願寺別院で教如の創建。JR大津駅から500メートル。
☎077—522—6960

◆天孫神社

大津の鎮守で、この神社の祭礼、大津祭は湖国三大祭（別掲）で体育の日に曳山巡行がある。JR大津駅から徒歩5分。
☎077—528—2772
（びわ湖大津観光協会）

◆膳所城跡

明治維新で廃城となり、楼門は取り壊されて膳所神社や篠津神社に移築された。城跡は近江大橋西詰めのすぐ南、現在は膳所公園として整備されている。京阪電鉄膳所本町駅から徒歩5分。
☎077—528—2772
（びわ湖大津観光協会）

◆義仲寺

門を入り、石畳の道を行くと木曽義仲の墓、その隣に松尾芭蕉の自然石の墓があり、境内に二十数基の句碑がある。JR膳所駅から徒歩10分。
☎077—523—2811

◆膳所神社

膳所城本丸跡地の近くにあり、奈良時代の創祀と伝えられている。中世は諸武将の崇敬が厚く、秀吉の夫人や徳川家康などが神器を奉納したという。京阪電鉄膳所本町駅から徒歩1分。
☎077—522—1167

◆琵琶湖文化館

城のような2つの楼閣からなる建物で、仏教美術と考古資料が紹介されている。京阪電鉄島の関から徒歩5分またはJR大津駅から徒歩15分。

▼大津の街並博物館通り▲

JR大津駅から、大津市歴史博物館までの散策コース約1.7キロは、商店街や、琵琶湖疏水、北国海道の旅情を感じるみちすじとなっている。淡淡美術館、大津祭曳山展示館、おもちゃ館などが続き、大津絵の店のある三井寺付近を過ぎると大津市歴史博物館に至る。ここから「近江戦国の道」が始まる。

☎077—522—8179

◆明智左馬介湖水渡りの碑

本能寺の変後、明智光秀の弟左馬介が、坂本まで馬で琵琶湖を渡ったとされる。琵琶湖文化館側にその碑が建つ。

◆大津祭曳山展示館

実物大の西王母山を展示、曳山のカラクリも実際に見られる。他の曳山も写真で説明されている。賑わう町並みや祭の準備の様子が映像を通して紹介。京阪電鉄浜大津駅から徒歩10分。
☎077—521—1013

◆淡淡美術館

ギャラリー感覚で俳句を楽しめる。創始者はマガジンハウス元会長の清水凡亭。京阪電鉄浜大津駅から徒歩10分。
☎077—522—0773

◆大津市歴史博物館

地域的なテーマで大津の歴史と文化をわかりやすく展示。復元模型などで昔のまちの様子が生き生きと伝わってくる。企画展や特別展の質の高さには定評がある。京阪電鉄浜大津駅から石山坂本線で別所駅下車徒歩5分。
☎077—521—2100

◆三井寺（園城寺）

境内には国宝の金堂をはじめ、百余の重要文化財があり、建築博物館ともいわれている。〝弁慶の引摺鐘〟や〝三井の霊泉〟など、みどころが多い。京阪電鉄浜大津駅から石山坂本線三井寺駅下車徒歩10分。または

ＪＲ大津駅からバス三井寺下車すぐ。
☎０７７―５２２―２２３８

◆近江神宮

天智天皇を祭神として昭和15年に創祀。境内には、漏刻と古今東西３２０点の時計、大津京跡関連出土品をおさめた常設展示館がある。ＪＲ西大津駅から徒歩20分。または京阪電鉄近江神宮前駅から徒歩５分。
☎０７７―５２２―３７２５

◆円満院

三井寺の北隣。白い壁に囲まれた広い境内には、書院造りの宸《しん》殿など立派な建物が並ぶ。大津絵や滋賀ゆかりの美術品が展示され、精進料理に薬膳をミックスさせた和漢薬膳がある（要予約）。京阪電鉄三井寺駅から徒歩10分。
☎０７７―５２２―３６９０

◆比叡山延暦寺

平安初期、最澄によって開かれた天台宗の総本山。山頂には、根本中堂をはじめ、東塔、西塔、横川がある。京阪坂本駅から徒歩15分、坂本ケーブルで15分終点下車。

☎０７７―５７８―０００１

◆唐崎の松

何代も植えかえられた松であるが、四方に立派な枝を伸ばし、笠を伏せたような美しい姿は見事である。ＪＲ唐崎駅から徒歩15分。
☎０７７―５２８―２７７２（びわ湖大津観光協会）

◆聖衆来迎寺

最澄の創建という。旧坂本城の門を移した表門があり、白壁の塀を巡らせている。国宝・重要文化財が多く、比叡山の正倉院といわれるところ。ＪＲ大津駅からバス来迎寺鐘化前下車すぐ。
☎０７７―５７８―０２２２

◆坂本城跡

下阪本、東南寺から旧道へ出る小川に沿う道筋に坂本城跡の碑が建つ。明智光秀が築城し、安土城に次ぐ名城と絶賛された。京阪電鉄坂本駅からバス下坂本下車徒歩３分。
☎０７７―５２８―２７７２（びわ湖大津観光協会）

◆東南寺

伝教大師が創建した天台宗の寺で、境内には、明智一族の首塚がある。伝教大師がはじめたといわれる戸津説法は今も８月21日から25日まで行われている。京阪電鉄浜大津駅からバス下坂本下車徒歩３分。
☎０７７―５２８―２７７２（びわ湖大津観光協会）

◆日吉大社

全国「山王さん」の総本山。山王祭は湖国三大祭（別掲）。京阪電鉄坂本駅から徒歩10分。
☎０７７―５７８―０００９

◆西教寺

聖徳太子が創建し、真盛上人が不断念仏道場として復興。一日も絶えることなく念仏と鉦《かね》の音が聞こえ、独特の雰囲気が漂う。明智一族の墓や二十五菩薩石仏がある。京阪電鉄坂本駅から徒歩20分。
☎０７７―５７８―００１３

◆慈眼堂

境内には江戸時代以降の天台座主の墓や供養塔があり、その上段に丸彫の石仏坐像13体が並んでいる。歴代座主の墓、桓武天皇宝塔の墓石がある。京阪電鉄坂本駅から徒歩10分。
☎０７７―５７８―０１３０（滋賀院門跡）

◆滋賀院門跡

天台座主《ざす》の居所であるので、御殿のような構え。広い境内にさまざまな建物があり、江戸初期の枯滝のある庭園は有名。京阪電鉄坂本駅から徒歩10分。
☎０７７―５７８―０１３０

◆生源寺

最澄の生誕地で、延暦寺の中でも特別な霊地とされる。境内には大師御産湯の井戸がある。京阪電鉄坂本駅下車すぐ。またはＪＲ叡山駅から徒歩15分。
☎０７７―５７８―０２０５

◆盛安寺

城郭のような石組みと桃山御殿の異名をとる客殿、聖衆来迎図を表現したといわれる江戸時代の庭園。京阪電鉄穴太駅から徒歩５分。
☎０７７―５７８―２００２

大津城跡の石碑（大津港前）

大津城は戦国の終焉を告げた城

国道一六一号浜大津交差点近くの国道沿いに、「大津城跡」と刻まれた小さな石碑が立っている。現在、城跡を示す遺構は地中に埋もれて、城の面影をしのぶことはできないが、この大津城は、近江の戦国時代の中で重要な役割をになった城であった。

慶長五年（一六〇〇）九月十五日、徳川家康は関ヶ原の合戦に勝って、織田信長・豊臣秀吉が切り開いてきた天下統一戦争の最終的な覇者となった。それは文字どおり「天下分けめ」の合戦であり、また、徳川政権三百年の地歩を固め、戦国時代の終焉を告げる合戦でもあったのである。

家康が、この関ヶ原の戦後処理を行ったのが、他ならぬ大津城であった。合戦から五日後の九月二十日、家康は大津城に入り、ここに七日間とどまって、敵将・石田三成《いしだみつなり》の逮捕や毛利輝元《もうりてるもと》の大坂城退去など、一連の処理をすすめた。家康が大津城を選んだのは、この地には、家康と関わりの深い本《ほん》願寺教如《がんじきょうにょ》が帰依《きえ》する豪商（米商人）たちがいたからであろう。家康は、終戦処理の陣所として、豊臣方の影響の残る京都・大坂よりも、家康を支

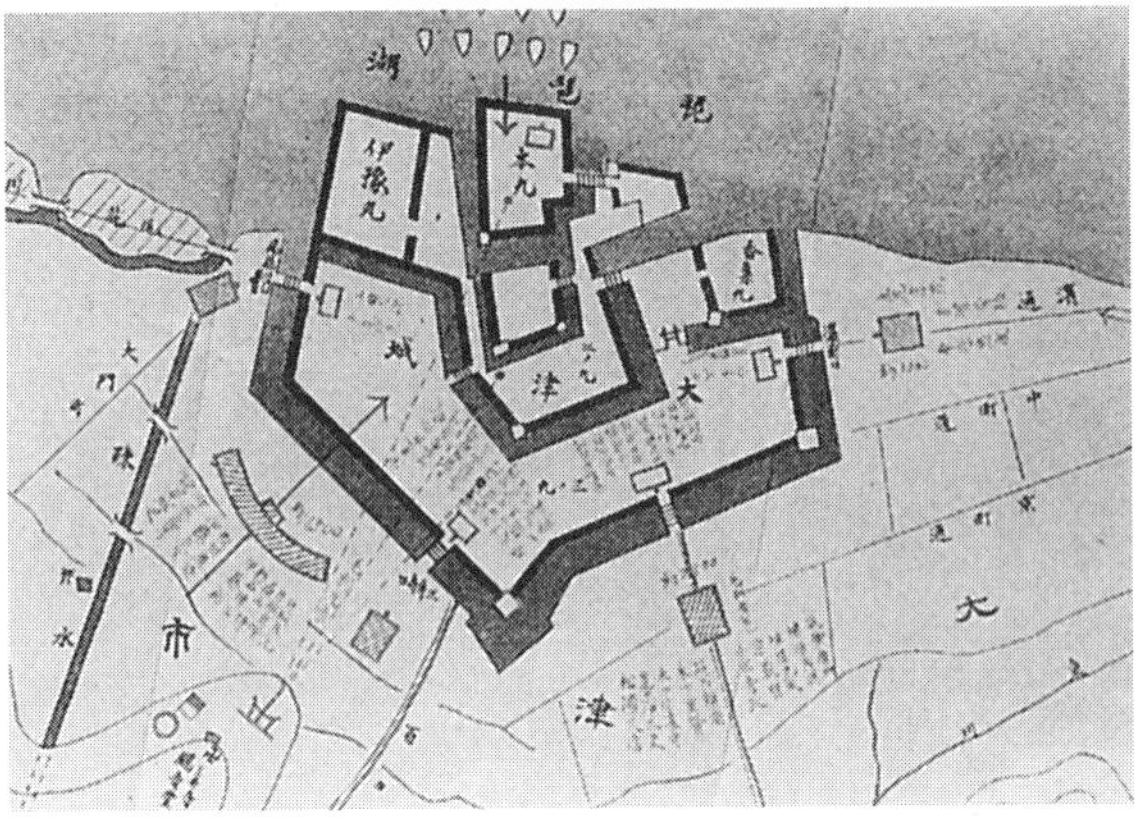

大津籠城合戦絵図（「郷土資料」より）

持する体制のある大津を選んだのである。そのため、この間、家康の勝利を祝う朝廷の公家衆らは、京都から大津へ下向《げこう》して家康に挨拶するという、いわば臣下の礼をとるかたちとなり、家康は「天下殿《てんかどの》」としての力を世に示したのであった。

このように大津城は、戦国時代の終焉を象徴する城であった。「近江戦国の道」のスタートは、この大津城とし、以下、歴史をさかのぼり、諸城の攻防と盛衰をたどることにしよう。

大津籠城合戦記

ところで、大津城は、関ヶ原の合戦じたいでも重要な役割を果たしていた。その前哨戦として行われた大津籠城戦で、西軍一万五千の軍勢が大津で足どめをくったからである。

大津城の四代城主は、近江守護佐々木家の血をひく京極高次《きょうごくたかつぐ》であった。高次は豊臣恩顧《おんこ》の大名であった。妻の常高院は豊臣秀頼の母・淀殿の妹であり、彼の妹の松丸殿《まつまるどの》は豊臣秀吉の側室《そくしつ》であった。一方、妻の妹の崇源院《すうげんいん》は家康の嗣子・徳川秀忠《ひでただ》に嫁しており、豊臣・徳川両家の縁につながる複

京極高次木像（徳源院蔵）

雑な立場にあったのである。

慶長五年（一六〇〇）六月十八日、上杉征伐に向かう徳川家康は、大津城に立ち寄って京極高次と会見した。その後、後事を伏見城の雄将鳥居元忠《とりいもとただ》に託して江戸へと向かった。この間、石田三成が挙兵、毛利輝元を総大将とする反家康の西軍が結集し、八月一日、伏見城を落城させた。

家康との会見で何が話し合われたのかは不明だが、この急激な戦況の変化で、京極高次の立場は微妙なものとなった。高次は、伏見落城をひそかに家康に報じる一方、八月十日、西軍の前田討伐に従軍することとし、兵千人を守城に残し、兵二千人を率いて大津城を発した。しかし、その進軍は遅々としたもので、二十日間で伊香郡東野（余呉町）にやっと達したばかりであった。そして、ここで意を決したように兵を帰し、海津から船で湖上を渡って、九月三日大津城に帰り、翌四日から籠城戦に入ったのである。九月六日には、大津城下を自焼して、戦いに備えた。

籠城に対して、立花宗茂《たちばなむねしげ》・毛利元康《もとやす》の率いる西軍一万五千の大軍が、大津城を包囲した。城の西方の長等山《ながら》には大砲をすえて、大津城を砲撃した。しかし、城兵の守りは固く、大津城は容易に落ちなかった。そこで西軍は、九月十三日、外堀を埋める戦術をとり、これによって三の丸を攻め破り、

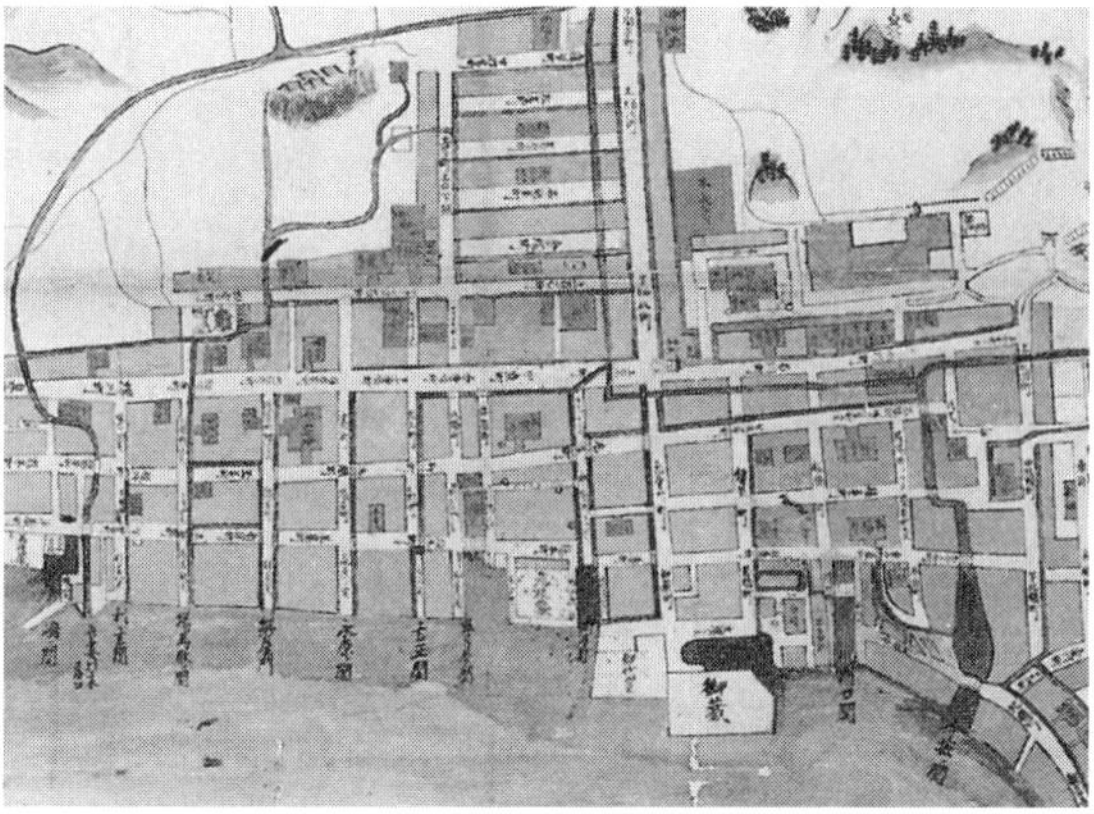
江戸時代中期の大津（個人蔵）

さらに二の丸も攻略した。ここに大津城は本丸を残すのみとなり、敗色は濃厚となった。

九月十四日、秀吉と親交の深かった高野山の僧・木食応其《もくじきおうご》と新庄直忠《しんじょうなおただ》が本丸に入って、京極高次に和睦《わぼく》開城を申し入れ、秀頼の母・淀殿の使者も和睦を勧めた。ここに高次は、やむなく開城を決意し、翌十五日早朝、兵や老人・女・子供を含めた二、三百人を引き連れて、木食らの斡旋により、高野山へと退去した。十日間の籠城戦であった。

その十五日朝、関ヶ原では大戦闘が始まり、午後には東軍の勝利と決した。京極高次の大津籠城戦により、西軍一万五千が関ヶ原への参戦をはばまれたのであった。関ヶ原合戦後、徳川家康は、大津城を堅固に守った功を認め、高野山で謹慎していた京極高次を、若狭小浜城主八万二千石に栄転させている。

大津城の歴史と規模

ところで、この大津城は、天正十四年（一五八六）頃、豊臣秀吉が坂本城を廃城として移築したものであった。城下町もこれにともなって移転し、

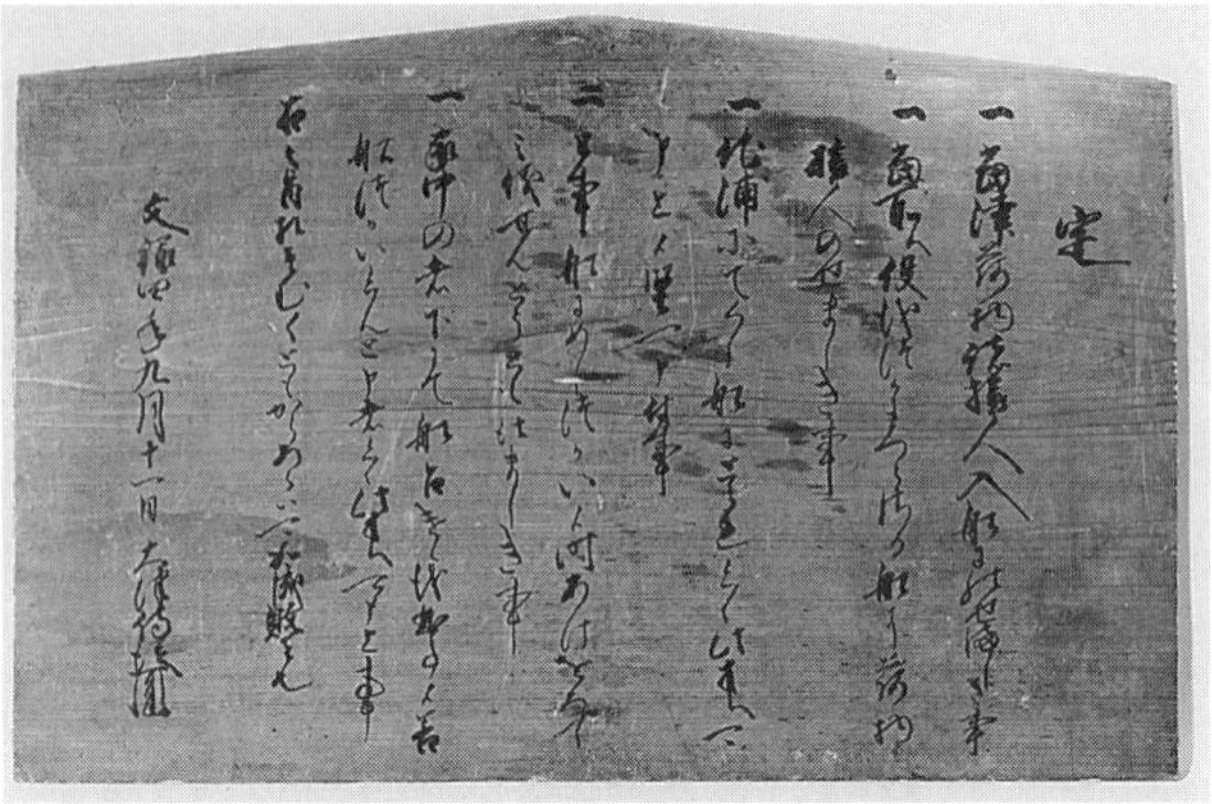

大津百艘船札（個人蔵）

大津には、柳町・太間《たいま》町・小唐崎《こからさき》町・石川町など、坂本城のあった下阪本と共通する旧町名が残っている。大津移転の理由はあきらかではないが、天正十二年秀吉は山門《さんもん》（延暦寺《えんりゃくじ》）再興を許可しており、延暦寺監視を目的とする坂本城の戦略的意味がなくなったこと、織田信長政権を継いで天下統一を果たした秀吉が、大坂城を政治・経済の拠点としたため、淀川水系・伏見街道・東海道で大坂につながる大津が、北国物資の中継地、琵琶湖水運の要所として坂本より重視されたことなどがあげられよう。

初代の城主は、坂本城の第四代城主の浅野《あさの》長吉《ながよし》（のち長政）。長吉は、就任にあたり、大津の港としての機能を強化し、軍用に役立たせるため、諸浦の船を集めて、大津百艘船《ひゃくそうせん》と呼ばれる船持仲間をつくらせた。そして、天正十五年（一五八七）二月、大津百艘船に対し、すべての課役を免除し、大津浦から出る荷物・旅人は他浦の船に乗せないという特権を与える制札を出している。この政策は、以後、歴代の大津城主に受け継がれ、大津の琵琶湖水運の集散港としての基盤を築くことになった。

なお、二代城主は、のちに秀吉の五奉行の一人となった増田《ました》長盛《ながもり》、三代城主は秀吉の御伽衆《おとぎしゅう》の一人の新庄直頼《なおより》、そして四代城主が先の京極高次であった。

発掘された大津城石垣のモニュメント（旧坂本町）

　さて、大津城の規模であるが、詳細は不明だが、坂本城と同様、琵琶湖を天然の堀とした水城《みずじろ》であり、現在の国道一六一号浜大津港交差点の湖岸辺に本丸を置き、その城郭は、東は主要地方道大津停車場線、西は北国町通（旧北国街道）から琵琶湖疏水、南は京町通（旧東海道）付近に及ぶ広大なもので、その中に外堀で囲まれた三の丸、中堀で囲まれた二の丸、内堀で囲まれた奥二の丸があり、本丸の西には伊予丸があったと推定されている。その名残りを示すものはほとんどないが、近年、旧坂本町の朝日生命ビル付近で大津城の外堀とみられる石垣が発掘され、その石垣を模したモニュメントがつくられて、わずかに往時をしのばせている。

　また、大津城の天守《てんしゅ》は、のちに彦根城に移築されたことが、昭和三十二年の彦根城の解体修理で判明している。それによれば、大津城の天守は、五層四重で二階と五階に破風《はふ》屋根が設けられた豪壮なものであったという。

　しかし、関ヶ原合戦後、徳川家康は、大津城を廃して、膳所《ぜぜ》城を築かせた。慶長六年（一六〇一）のことという。大津籠城戦でみせた、長等山上から城内が見渡せるという軍事上の欠点などのためであろうか。以後、大津は琵琶湖水運の集散港としての発展がうながされ、この水運の要衝と、東海道の陸上交通の要衝・瀬田橋の中間にあって、両地をおさえる膳所が

北国橋付近

城地に選ばれたのであった。
膳所城の初代城主は、関ヶ原合戦後、大津城を守っていた戸田一西《かずあき》があてられた。以後、膳所城は、城主の交代はあったが、徳川諸代の大名の守る六万石の城下町として、三百年の歴史を重ねることになるのである。

宇佐山城の攻防

「近江戦国の道」を北上するには、旧北国海道《ほっこくかいどう》（西近江路）をたどるのがよいだろう。起点は札の辻。十字路を東に曲がる東海道と分かれて、西へ向かい、北国町通りを北上する。疏水を北国橋で渡り、大門通りで右折して京阪電車の踏切をこえ、改めて北上する。尾花川《おばながわ》で旧大津の町は終わる。その山手には大津市役所。その四方の高台に、大津市歴史博物館がある。平成二年十月開館。その常設展示には大津・坂本・堅田といった「近江戦国の道」を結ぶ地域の歴史をテーマとした展示があり、実物資料や町並み模型などで、その歴史をたどることができる。

さて、旧北国海道は、尾花川をすぎてまもなく国道一六一号と合流し、柳が崎の交差点に出る。西へ行けば近江神宮の参道である。その近江神宮

宇佐山城遺構（大津市）

の裏山、山頂に放送局のアンテナが見えるのが宇佐山《うさやま》（標高三百三十六メートル）である。その放送局社の工事に関連して、昭和四十六年に実施された山頂全域の踏査と一部の発掘調査などで、その山頂に残る城郭遺構の概要が明らかにされた。織田信長の時代、当時の記録に「志賀の城」などと見える宇佐山城である。

宇佐山城は、元亀元年（一五七〇）三月頃、織田信長が家臣の森可成《よしなり》に築かせた山城《やまじろ》であった。京都と大津を結ぶ今道越《いまみちごえ》（山中越《やまなかごえ》）は直下にあり、比叡山を北に望むその位置は、今道越さらにその南の逢坂越《おうさかごえ》（東海道）という京都への交通路を確保し、延暦寺の動静をにらむ格好の出城といえた。

先の調査結果によれば、宇佐山城は、宇佐山の尾根上に南北百七十メートル、東西四十五メートルの規模で構築されていた。山頂の放送局舎付近には、五メートル四方の櫓門をもつ、長さ約四十メートル、幅約三十メートルの規模の本丸があり、その南方の低地に二の丸が、小鞍部《あんぶ》をへだてた北方に三の丸があって、本丸から東方へ下る大手通路は山腹の宇佐八幡宮《うさはちまんぐう》を経て湖岸の北国海道へ通じていたものと推定されている。現地には、いまも野面《のづら》積みの石垣が何か所も良好に残存しており、その歴史をしのばせてくれる。

聖衆来迎寺内の森可成の墓

さて、元亀元年（一五七〇）は、織田信長と、越前の朝倉義景《よしかげ》および近江北部の浅井長政との戦いが本格化した年であった。名高い姉川の戦いは、同年六月のことである。戦いは一進一退をくり返していたが、摂津に三好三人衆が進攻したため、八月、信長は摂津出陣を余儀なくされた。その隙をついて、朝倉・浅井連合軍三万の大軍が坂本まで南下してきた。

宇佐山城主森可成は、その南進をはばむため、宇佐山城を出て坂本に戦ったが、手勢はわずか六百余、たちまち撃破され、森可成は戦死した。その墓は、古戦場に近い比叡辻《ひえいつじ》二丁目の聖衆来迎寺《しょうじゅらいごうじ》にある。

可成を討ち取った朝倉・浅井軍は、宇佐山城を攻め、大津・山科や京都北白川にも進攻したが、宇佐山城は森可成の臣、武藤五郎左衛門らが死守していた。敗戦の報を聞いた信長は、急きょ摂津の陣を払って大津に向かい、九月二十四日、三井寺に陣した。そして、下阪本に陣する朝倉・浅井軍を攻め、両軍を比叡山上に追い上げ、朝倉・浅井軍は比叡山中の壺笠山《つぼかさやま》城・青山城などにたてこもることになった。

壺笠山城は、坂本の南の穴太《あのう》から京都修学院《しゅうがくいん》に至る山越えの古道、白《しら》鳥越《とりごえ》沿いにあった。壺笠山は標高四百二十六メートルの独立峰で、その山頂には、いまも城跡の石垣が残っている。その範囲は、南北約七十メート

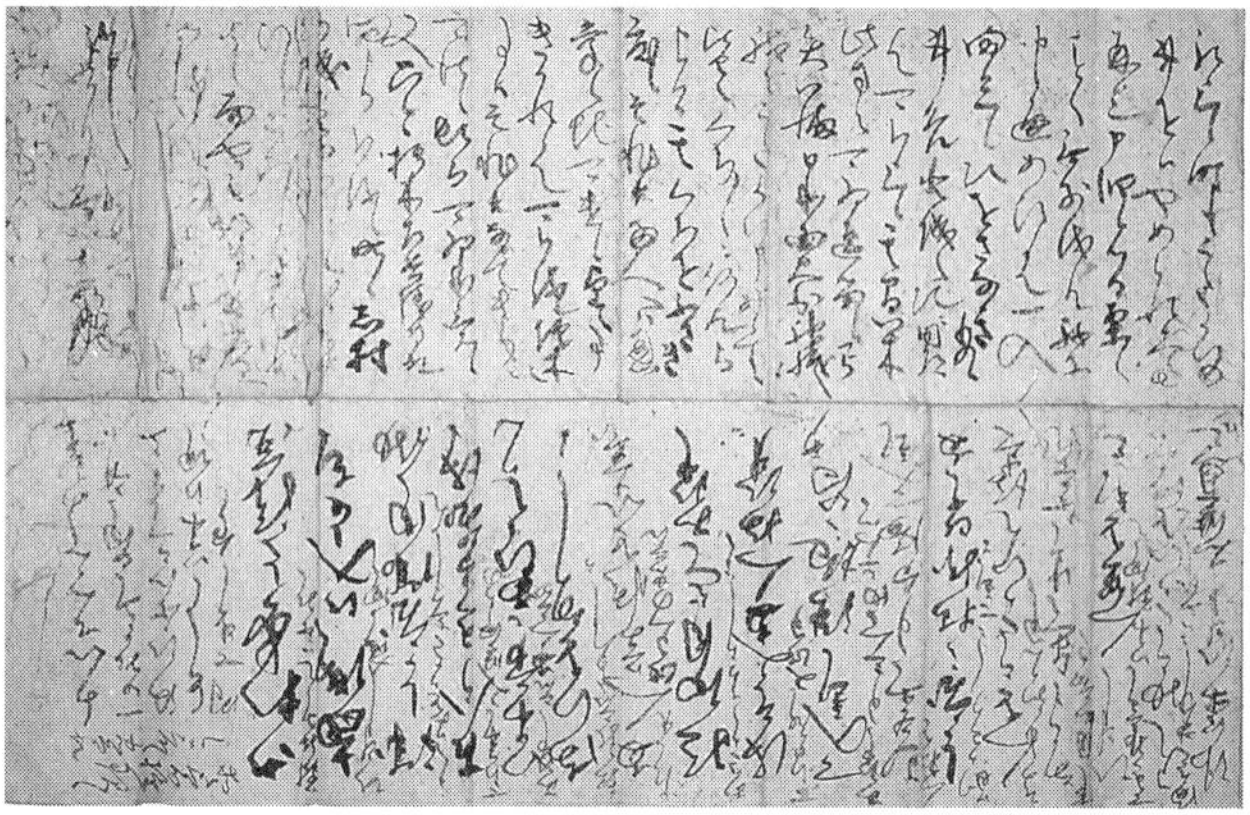

明智光秀が和田秀純に宛てた懐柔の書状（個人蔵）

ル、東西約百メートル、四重の石垣をめぐらした山城であった。

さて、信長は、朝倉・浅井軍を比叡山上に包囲したものの、朝倉・浅井軍は山門（延暦寺）の保護をうけて、壺笠山城などに堅固にたてこもり、戦線は膠着《こうちゃく》状態となって、対峙は三ヶ月に及んだ。そして、十二月十四日、朝廷・幕府の仲介により、両軍はいったん和睦し、それぞれに陣を払って、信長は岐阜城へ、朝倉軍は越前、浅井軍は小谷城へと引き上げたのであった。しかし、山門（延暦寺）のみは和議に応じず、信長と延暦寺の間だけは交戦状態が続いていたのである。

和睦後の宇佐山城には、信長の配下の明智《あけち》光秀《みつひで》がおかれた。翌元亀二年（一五七一）正月頃から在城していたようである。光秀の宇佐山城主としての役割は、山門膝下の諸郷の土豪たちを懐柔することにあったとみられる。光秀は、山門焼き討ちの十日前の元亀二年九月二日付けで、雄琴《おごと》の土豪和田秀純《ひでずみ》に宛てた書状を残している。そこには、和田氏が信長方についたことを感謝し、信長の湖東進軍にふれて、山門攻めの近いことを暗示している。このような周到な事前工作をもとに、信長の元亀二年の山門焼き討ちは行われたのであった。

里坊と穴太衆積みのまち

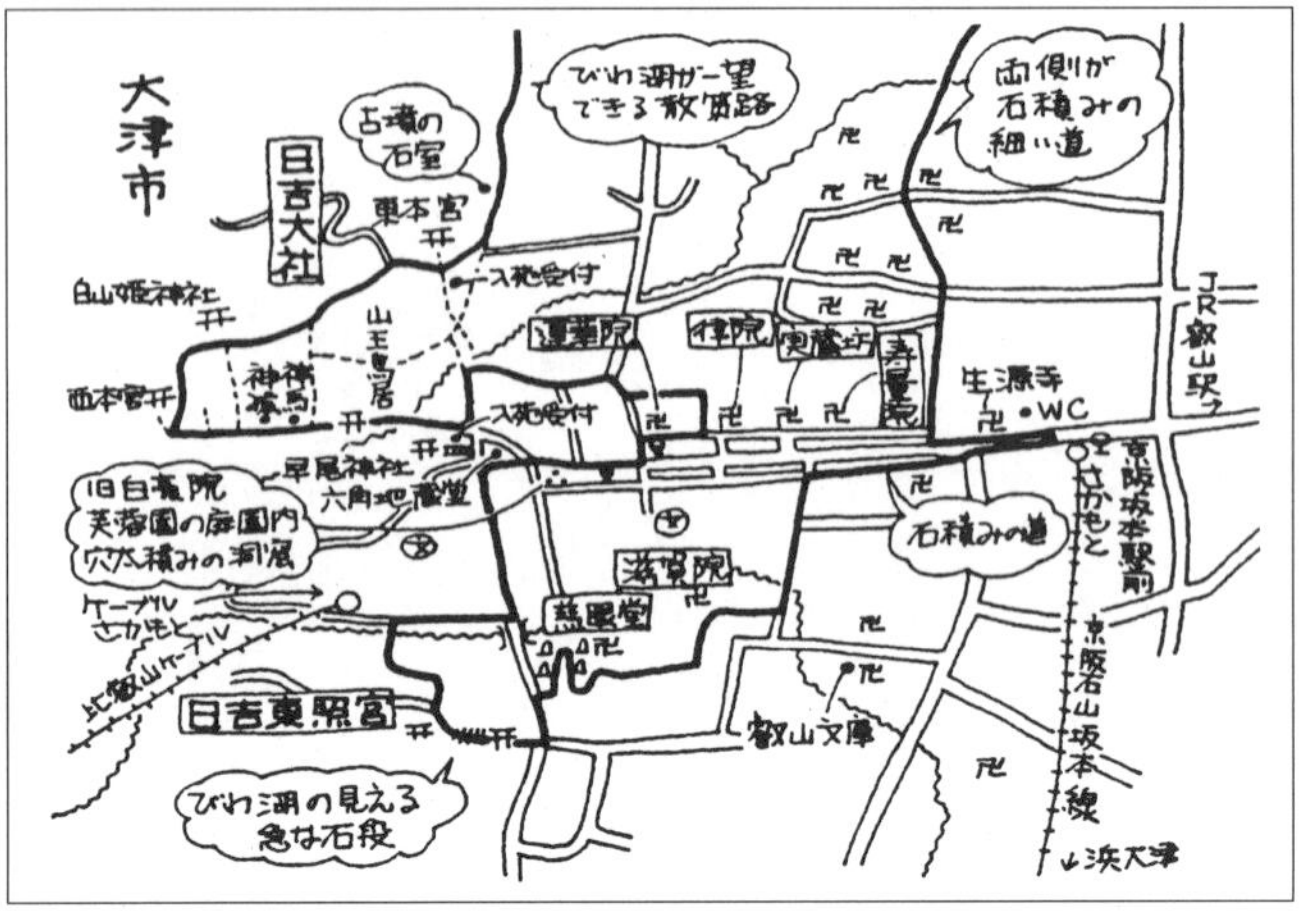

坂本の里は、延暦寺や日吉大社の門前町として穴太積みの石垣をめぐらした延暦寺の里坊56寺が点在する落ちついたまちなみである。

　里坊とは、山上での厳しい戒律修行の生活を終えた老僧に与えられた坊舎で、いずれも清閑な庭園がある。山からの渓流を取り込み、豊かな石材を使った庭には美しい苔が多く、借景の自然に恵まれている。どの里坊も見事な穴太衆積みの石垣を構え、山門がある。

　春と秋の年二回、各里坊が公開されている。京阪電鉄坂本駅下車10分

滋賀院　後水尾天皇から滋賀院の号を賜り天台座主となった皇族の居所であったため高い格式を誇り、滋賀院門跡と呼ばれる。坂本の中でもひときわ高い石垣と白壁に囲まれている。滋賀院宸殿の西側につくられた庭園は、縁側からゆっくり鑑賞できる。権現川から水を取り入れた清流が勢いよく流れ、味わい深く落ちつく。「蹴鞠の庭」や二階書院の庭もある。

生源寺　伝教大師生誕の霊地。山門右手の大きな古木の下の古井戸は「最澄の産湯」といわれている。

盛安寺　井上靖の『星と祭』に登場する木像十一面観音立像が安置されている。城郭のような石垣がめぐらされ、明智光秀の陣太鼓がある。庭園は客殿の縁先からスギゴケの平坦地が続き、奥に築山が作られている。

寿量院　石材が立派で、泉水の石橋、宝塔の塔身でつくった手水鉢が見逃せない。

実蔵坊　築山の斜面の石とつつじの簡素な作庭に味がある。

律院　横川の総里坊の貫禄を示し、格式高く小川の曲線と苔の色が明るい。

蓮華院　東塔北谷の里坊らしく桃山時代の遺構をとどめ三尊石などみごたえがある。

旧白毫院　芙蓉園という料亭になっており、雄大な庭園と石窟が見学できる。

宝積院《ほうしゃくいん》　池泉築山式の庭園で池内に鶴島・亀島があり、切石で橋がかけられている。

叡山文庫　天台宗務庁の貴重な古文書・記録・絵図などを一堂に集めている。

戸津説法が行われる東南寺は坂本城の故地とされる

坂本築城と明智光秀

国道一六一号と合流して北上する旧北国海道は、唐崎神社付近で湖岸の神社前を通る道に分かれるが、じきに合流し、下阪本に至って、左手に分岐する。旧道沿いには静かな町並みがつづき、国道の喧噪をいっとき忘れさせてくれる。しばらく北上して東南寺川を渡った右手に、天台宗東南寺がある。天台宗の高僧による戸津《とづ》説法が行われることで知られる名刹である。その門前には、「坂本城址」と刻まれた大正四年建立の石碑が立っている。この地は、江戸時代以来、明智光秀の坂本城跡の伝承地であったが、その廃城により跡地は田畑と変わり、その位置や規模は定かではなかった。幸い、昭和五十四年から翌年にかけての宅地造成にともなう発掘調査により、同地の湖岸で、焼土層をともなう安土桃山時代の建物遺構が発掘され、坂本城の故地が確認されたのである。

元亀二年（一五七一）八月十八日、岐阜城を発した織田信長軍は、前年の志賀の合戦以来、信長の京都・近江平定をはばんでいた一向一揆《いっこういっき》（本願寺）・山門《さんもん》（延暦寺）を討つべく三万の兵を進め、九月一日には志村城

明智光秀画像（本徳寺蔵）

（東近江市）・小川城（同前）を落とし、十一日には金森《かねがもり》の一向一揆を掃討して、三井寺に陣した。そして、翌十二日には、坂本・比叡山へと攻め登り、翌十三日に至る攻撃で、山麓の坂本の門前町から日吉社、山上の延暦寺の諸堂舎を焼き尽くし、三千余の僧俗を殺戮した。世にいう「元亀《げんき》の兵乱」、山門焼き討ちであった。この延暦寺攻略戦の圧勝の背景には、宇佐山城主・明智光秀の地道な在地土豪の懐柔工作があったことは、すでに述べたとおりである。

山門焼き討ち後、ただちに信長は、明智光秀に坂本築城を命じた。信長の意図は、延暦寺の監視はいうまでもないが、居城・岐阜城から朝廷のある京都への交通路の確保にあった。同じ頃、湖東の佐和山《さわやま》城（彦根市）には、信長の重臣・丹羽長秀《にわながひで》がおかれている。佐和山城に丹羽長秀、坂本城に明智光秀を配することで、信長は岐阜から京都への道を固めようとしたのである。坂本城は、信長の近江平定の二大拠点の一つであった。

光秀は、信長の意を受けて、以後、近江平定に腐心する。その第一は、琵琶湖水路の制圧、水軍の確保であろう。光秀は、中世後期以来、琵琶湖の湖上権を掌握してきた堅田衆《かたたしゅう》、猪飼《いかい》・居初《いそめ》氏らの堅田水軍を傘下におき、元亀三年七月の浅井攻めでは、軍船で海津・塩津を攻めて活躍し、同四年

坂本城址の石碑

二月、将軍足利義昭《あしかがよしあき》の命をうけて光浄院暹慶《こうじょういんせんけい》・磯谷久次《いそがいひさつぐ》らが石山・今堅田に挙兵した際にも、湖上からこれを攻め破り、滋賀郡の平定に成功したのであった。

このように、光秀の坂本城は、天正元年（一五七三）七月に宇治槇島《うじまきしま》で足利義昭を破り、八月に朝倉・浅井氏を滅ぼすまでの間、信長の近江平定の前線基地として、大きな役割を果たしたのである。

安土城に次ぐ名城、坂本城

ところで、明智光秀の坂本城は、山門焼き打ちの三か月後の元亀二年（一五七一）十二月頃から始められたようだ。一年後の元亀三年十二月には天主の作事《さくじ》が完成、天正十年（一五八二）には小天主も増築された。当時来日していたポルトガルの宣教師、ルイス・フロイスは、坂本城について次のように記している。

（明智は）坂本と呼ばれる地に邸宅と城砦《じょうさい》を築いたが、それは日本人にとって豪壮華麗なもので、信長が安土《あづち》山に建てたものに次ぎ、この明智の城ほど有名なものは天下にないほどであった。

坂本城は、信長の安土城に次ぐ名城として知られていたのである。安土城は天正四年（一五七六）であるから、坂本城の方が早い。坂本城は、近世初頭に次々と誕生した豪壮華麗な城郭建築の先駆といってよいであろう。

また、光秀は、茶の湯や連歌《れんが》をたしなむ教養人でもあったから、津田宗及《つだそうぎゅう》・今井宗久《そうきゅう》・山上宗二《やまのうえそうじ》らの茶人や里村紹巴《さとむらしょうは》・里村昌叱《しょうしつ》らの連歌師など当代一流の文化人と交わり、城内には一種の文化サロンも形成されていたのである。

坂本城は、先に述べたように大天主と小天主で構成されており、のちの姫路城のような豪壮華麗な城であったようだが、その特徴は琵琶湖をその縄張りにとり入れた水城《みずじろ》としたことである。

天正六年（一五七八）一月、光秀に招かれて坂本城で茶会を催した津田宗及は、茶会が終わると、城内から、用意された御座船に乗って安土城へ向かっている。このことからも、坂本城が城内に湖水を引き入れた水城であることを知ることができよう。

また、『信長公記』によれば、まだ信長が岐阜城を居城としていたとき、岐阜から京都への往還は、佐和山城から坂本城へ船で渡り、今道越《いまみちごえ》（山中越）で京都に入るルートをとっていた。安土築城後も、信長の坂本城との

平成六年の異常渇水で姿を表した坂本城跡（大津市）

往還には船が利用されている。先の堅田水軍を配下においたことといい、城の構造を水城としたことといい、光秀は、琵琶湖の道を軍事に巧みにとり入れた戦国武将といえるのではなかろうか。事実、坂本城以後、大津の地に築城された大津城・膳所城は、水城の形式をならうことになるのである。

なお、坂本城の縄張りについて補足すれば、下阪本三丁目字城畔《しろぐろ》で発掘された建物遺構は、坂本城の本丸と推定されている。また、坂本から大津に城が移されたとき、城下の町々も移転しており、坂本（下阪本）・大津には共通した旧町名が残っている。それらの旧町が囲む範囲を城郭の跡とすれば、それは、北は太間《たいま》町の南端を流れる旧藤ノ木川、南は小唐崎《こからさき》町の北端を流れる信教寺川《しんきょうじ》の範囲と考えられている。

もっとも、発掘調査の跡はすでに埋めもどされ、わずかに琵琶湖の渇水期に姿を現す湖中の石垣列が、往時の坂本城をしのばせるのみである。

坂本落城

安土城とともにその名を謳われた坂本城であったが、共にその栄華は長くつづかなかった。

天台真盛宗総本山西教寺

天正十年（一五八二）六月、明智光秀は、織田信長を京都本能寺に討つクーデターを敢行した。後世の人々は、それを、たび重なる屈辱による遺恨として芝居などに仕立てたが、その真意は不明である。そして、クーデターは、中国攻めから急きょ軍を返して挙兵した羽柴《はしば》（豊臣《とよとみ》）秀吉により、あえなくついえた。六月十三日、山崎の合戦に敗れた光秀は小来栖《おぐるす》で土民に討たれ、坂本城も秀吉軍に包囲される。六月十五日、坂本城を守る光秀の女婿・明智秀満《ひでみつ》は城に火をかけて自殺、坂本城は灰塵に帰したのであった。

もっとも、明智光秀は後世、逆臣とされ、非難されたが、その膝下《しっか》の坂本では良主としてあがめられ、伝承された。徳川家康の幕僚となって、その宗教政策を進め、焼き討ち後の山門（延暦寺）復興に尽力した天海僧正は、光秀の後身であったとする伝説もその一つである。

伝説はともかく、坂本五丁目の天台真盛宗総本山の西教寺には、光秀の墓がつくられた。「秀岳宗光大禅定門」との法名を刻した墓石が、いまに伝えられている。元亀四年（一五七三）五月、光秀が同年の今堅田攻めで戦死した配下の武士を弔うため、西教寺に供養米を寄進したことが、同寺とのゆかりのようであり、同寺にはその寄進状が残っている。なお、同寺では近年、明智光秀公顕彰会を発起し、その事績の顕彰につとめている。

西教寺の明智光秀の墓所

芭蕉没後三百年の平成五年には、光秀の妻・凞子《ひろこ》を詠んだ芭蕉の句、「月さびよ明智が妻のはなしせむ」の句碑も境内に立てられた。

また、発掘された坂本城跡のすぐ北、国道一六一号の西側には、明智塚と呼ばれる小さな塚があり、光秀が築城の際に本家土岐氏から拝領の宝刀を城の守りとして埋めた跡とか、落城の際に明智秀満が光秀の愛刀・郷義広の脇差を埋めた所とか、明智光秀の一族の墓所であるとか、さまざまに伝承されて、地元の人々が、あがめ守ってきたのであった。

なお、坂本城は、落城ののち、丹羽長秀の所領となり、復興された。城主は、以後、杉原家次・浅野長吉とつづき、天正十四年（一五八六）頃、浅野長吉のときに、城は大津へと移されることになるのである。

穴太衆の石積み

坂本城は、悲運の城として、その跡を残せなかったが、坂本には往時の文化を示す遺構が残されている。現在、坂本は、湖岸側を下阪本と称し、山側を坂本と称しているが、戦国時代には、いずれも「坂本」と呼ばれていた。比叡山延暦寺の麓の坂の下にある門前町という意味である。

旧竹林院庭園

旧北国海道を坂本城跡からさらに北上し、比叡辻で西折して上った山麓に、坂本の町はある。町の景観を特色づけているのは、坂本四丁目・五丁目を中心に展開する、石垣と生垣・土塀によって囲まれ、門構えをした延暦寺の「里坊《さとぼう》」群である。里坊は、山上の山坊に対して、麓の町の坊（寺院）という意味。比叡山上で修行をつんでいた老僧が、天台座主《ざす》より山麓に里坊を賜って居住したのが始まりという。いわば隠居寺である。そのためか、山麓の地形や比叡山から流れ出る水を利用した、風雅な庭園をもっていることで知られる。その成立は、江戸時代初頭のものが多い。

美しい庭園とともに里坊の特徴をなすものは、めぐらされた石垣である。この石垣は、「穴太衆積《あのうしゅうづ》み」と呼ばれる手法で積まれたものである。その特徴は、大小の自然石を組み合わせた野面《のづら》積みで、石と石の比重が均等にかかるように工夫され、奥行きのある石が使われているので、堅固である。また、石垣の奥に栗石《ぐりいし》とよばれる小石をつめた層があるので、水はけもよいという。

このような堅固な石垣積みを業とする「穴太衆」が登場したのは、戦国時代のことであった。穴太は、坂本の南にある地名である。穴太の地に住む石工《いしく》の集団が、穴太衆であった。彼らは、比叡山延暦寺の山上の堂舎・

石垣と清らかな水が流れる坂本のまちなみ

道造りの土木工事にたずさわってきた石工集団と思われるが、その堅固な石積みが広く知られるようになるのは、城郭の石積みにおいてであった。

近世前期の見聞を記録した『明良洪範《めいりょうこうはん》』によれば、天正四年（一五七六）、織田信長は安土築城に際して、近江の穴太から石工を呼び寄せて石垣工事にあたらせたという。この実績をかわれ、穴太衆は各地の大名に招かれて城郭の石垣を築くことになる。篠山・伊賀上野・金沢・彦根・名古屋・大坂・江戸などの各城は、石垣積みに穴太の石工の参加があったことが記録されている。明智光秀の坂本城も、おそらくは穴太衆の石積みが使われていたことであろう。徳川家康も、その技術をかって、江戸幕府の職制の中に近江穴太出身と伝える穴太頭《あのうがしら》を登用し石工集団を組織し、城郭の修築にあたらせている。

しかしながら、近年の研究では、近世初期の諸城の石垣普請には、近江坂本に限らず各地の石工集団が関与しており、「穴太」は石垣普請の技術者の総称と考えられること、また城の石垣普請の技術も近江坂本の「穴太」を発祥とするとは限らないとする説が有力となっている。

琵
湖
比良連峰展望
水茎岡山城跡
彦根
船岡山
(湖岸道路)
近江八幡市
野洲市
日野川
回遊式 洲浜型 庭園あり
兵主神社
錦織寺
永原城跡
菅原神社
近江八幡
米原
やす
(JR東海道本線)
国宝 十一面観音
福林寺
野洲川
芦浦観音寺
入口はお城のよう
勝部神社
もりやま
下新川神社
新幹線
湖岸道路
草津
大津
大津市
京都

堅田の浮御堂
敦賀
おの
びわ湖大橋米プラザ
途中へ
京・大原
477
志賀
161
真野
(湖西道路)
P
琵琶湖大橋
かたた
JR湖西線
堅田
光徳寺
伊豆神社
居初邸
湖族の郷資料館
奥比叡ドライブウエイ
祥瑞寺
堅田の落雁
本福寺
おごと
仰木雄琴
雄琴温泉
延暦寺
大
津
市
明智光秀の墓がある….
県立琵琶湖博物館
西教寺
坂本北
坂本
京都
大津

近江戦国の道の祭①

湖国三大祭

■大津祭（天孫神社）

古くは四宮《しのみや》祭の名で呼ばれた。十月上旬、見送りの国宝ゴブラン織を飾る豪華絢爛な曳山が繰り出される。曳山は狸山をはじめ十三基があり、山建《やまたて》は作事方・蔵方によって毎年組立・解体するもので、県下の曳山では例を見ないものである。山建が終ると曳初めをし、宵宮まで町の通りに置く。曳山を持つ町内を曳山町といい、巡行順は九月中旬に籤を引くが、狸山だけは籤取《くじ》らずで先頭となる古例である。珍しいのは曳山で使うからくり人形で、全国的にも最古のものといい、特に夷子の鯛釣り・鯉の滝上りなど、その独特の仕掛が見る人々の目を楽しませる。

（JR大津駅から徒歩3分）

■山王祭（日吉大社）

祭は山王七社のうち、東本宮系四社の「午《うま》の日の神事」に始まる。これは牛尾山の原始的な地主神のみあれ信仰に基づくという。四月三日の神輿揚げで山上の荒魂《あらみたま》を山麓に移して、今は十二日に和魂《にぎみたま》として祭るもの。十三日が宵宮落しで、花渡り・献茶・未《ひつじ》の御供などの儀が続き、そのあと四基の神輿が豪快に担ぎ出される。十四日が西本宮系三社の「申《さる》の日の神事」。これは中古の大和の三輪明神の勧請とその鎮座の形を中心に象徴化して再現したとみられるもので、神輿の拝殿出し・武者行列・唐崎沖への湖上渡御・粟津御供など、華麗な一大祭礼絵巻が展開する。最大の見ものは十二・十三・十四日の神事であるが、四月三日以降を見るべきである。

（京阪電鉄石坂線坂本駅から徒歩10分）

■長浜曳山まつり（長浜八幡宮）

豊臣秀吉が長浜在城当時、町民に下賜した砂金を基盤にしたという由緒をもつ。豪華絢爛な曳山祭が中心だが、とくにその山車上で行う子ども歌舞伎（曳山狂言）は、国指定の重要民俗資料で鳳凰山・翁山の見送り幕は異国情緒豊かなゴブラン織りで知られている。祭は四月九日の線香番（子供役者衣装付・狂言披露）・裸参り（若衆）。十三日の起し太鼓・御幣迎え・神輿渡り・籤取神事・昼夜狂言。十四日の例祭儀式・登り山・役者夕渡り（子供役者本衣装着用）。十五日役者朝渡り・大刀渡り（長刀組の子供武者行列・大人の尻まくり行列）・狂言奉納（各山組籤順）・戻り山（市内要所、各山組で狂言）、十七日の御幣返しをもって終る。狂言を土地ではまた芸ともいい、明和六年以来の記録がある。古い地芝居《じしばい》などから発展したものと思われる。カ合衆国での公演は当地で絶賛を博した。

（JR長浜駅から徒歩5分）

近江と芭蕉

「ここは東西のちまた、さざなみきよき渚なれば、生前の契深かし所也」

俳人松尾芭蕉は、近江への思いをこのように表している。生涯を旅で過ごし俳句に生きた芭蕉にとって、すぐれた風光、街道のにぎわい、そして人情こまやかな人々、それぞれとのきずなは、他のどこにも代えがたいものであったのであろう。

■北村季吟と芭蕉

松尾芭蕉を見出したのは、野洲出身の国文学者で俳壇の大御所北村季吟であった。俳諧を松永貞徳に学び、それを優雅な和歌風に高めて、弟子芭蕉に伝えた。芭蕉は季吟を師と仰いでいた。

芭蕉がはじめて大津の土を踏んだのは四十二歳の春（貞享二年）。生まれ故郷伊賀を出発し、京都の山科から小関越えをして大津に入り、数日滞在した。近江で最初に詠んだのが

「山路来て
　　何やらゆかし菫草」

「辛崎の松は花より朧にて」

■近江蕉門の人たち

この時、芭蕉を訪ね、近江に蕉門の形成をはかったのは後の本福寺の僧侶三上千那《せんな》であった。同時に尚白（医師）・青亜も入門した。

三月中下旬の頃、大津から東海道を下り、水口宿で旧友の服部土芳・中村柳軒の二人に二十年ぶりに対面し、数日滞在している。

次に芭蕉が大津を訪れたのは、貞享五年（一六八八）。大津の奇香亭に於いて、十吟歌仙を興行した。正客の芭蕉、亭主の奇香以下、尚白・自笑・一龍ら十人、尚白門下の大津俳人たちである。

湖南の門人たちは芭蕉を師と仰ぎ、国分山の幻住庵や義仲寺の無名庵を定宿として提供し、厚遇した。

芭蕉が長期間滞在した幻住庵跡は、京阪電鉄石山駅の西、近津尾神社にある。この庵は、芭蕉の門人の一人である曲翠が、伯父の幻住の旧庵を提供したもので、平成三年に再建された。

この年の三月下旬、大津の門人たちと辛崎（唐崎）のほとりの湖上に舟を浮かべて、春を惜しみつつ、

「行く春を近江の人と
　　惜しみける」

と吟じている。

元禄五年八月、彦根藩士の森川許六《きょりく》がはじめて芭蕉庵を訪問し、入門している。

■芭蕉　近江に眠る

元禄七年九月から大阪に来ていたが、しばしば腹痛や頭痛に悩まされ、十月になると一日二十回の下痢をおこした。

「旅に病んで
　　夢は枯野をかけ廻る」

十二日午後四時ごろ息をひきとった。

遺言により、遺骸を膳所の義仲寺に収めるため、舟に乗せ十三日昼すぎ義仲寺につき、大津が永眠の地となった。

義仲寺の翁堂正面に芭蕉の像が安置されている。この翁像は独鈷《どっこ》を手にしているが、初夏になると、扇子にとりかえられる。

本堂前に北向きに自然石の墓がたっている。

平成六年には、芭蕉没後三百年を迎え、大津をはじめとするゆかりの地で、盛大な供養記念行事が行われた。義仲寺には、俳句同好の人々が多く訪れ、翁を偲んでいる。

■近江の芭蕉句碑

近江を愛した芭蕉は、幾多の句を湖国各地で詠んでおり、ゆかりの地では句碑が建立されている。近江戦国の道の随所にこれらの句碑を見うけることができる。

みちしるべ

◆浮御堂（満月寺）

平安時代に湖上交通の安全を願って建立された、琵琶湖を代表する風景の一つ。老松に調和して静かに立つ姿は、昔の情緒をそのまま残している。ＪＲ堅田駅からバス堅田出町下車徒歩7分。

☎０７７―５７２―０４５５

◆湖族の郷資料館

琵琶湖の水運・漁業など、湖上の特権を持った堅田衆によって栄えた堅田の町の歴史や文化を語り継ぐことが目的の資料館。民具やパネルで歴史の変遷と堅田ゆかりの文人や先人の業績を紹介している。ＪＲ堅田駅からバス出町下車徒歩5分。

☎０７７―５７４―１６８５

◆居初氏庭園

琵琶湖と対岸の湖東の山並みを借景にした名園は、江戸時代の著名な茶人「藤村庸軒」と地元の郷士、北村幽安の合作で、国の名勝に指定されている。茶室から見る借景は素晴らしく、庭園東側の石垣が琵琶湖に接しているので、サザンカ・モッコク・マキ・サツキなどの刈り込みの向こうに、雄大な湖に始まり、近江富士の三上山などの湖東の連山が一望のもとに見渡せ、まさに、天然の図画という名がふさわしい。ＪＲ堅田駅からバス末広町下車徒歩3分。

☎０７７―５７２―０７０８

◆本福寺

浄土真宗本願寺派に属し、開基の善道はもと三上神社の神職である。江戸時代、11世の明式が松尾芭蕉の門下となり、千那と号し活躍、そのため芭蕉もたびたび訪れている。ＪＲ湖西線堅田駅からバス出町下車。

☎０７７―５７２―００４４

◆伊豆神社

堅田大宮と呼ばれ同地の中心的な社で、例年5月14日には「供御人行列」が行われる。ＪＲ堅田駅からバス出町下車徒歩5分。

☎０７７―５７２―０３３９

◆祥瑞寺

伊豆神社から１００《メートル》歩いて左に曲がったところにある一休和尚修養の寺。大徳寺住職になる前に一休和尚が10年間修養した。何度も兵火にあったが、殿原衆の支持で復興・維持されてきた。ＪＲ堅田駅からバス出町下車。

☎０７７―５７２―２１７１

◆光徳寺

蓮如は三井寺から、御真影は生首2つと交換するといわれ苦境に立つ。堅田の源兵衛親子は蓮如の苦境をみかね自らの首をすすんで差し出したといわれる。境内には親子の銅像が建ち、その生首は寺に安置されているという。山門は堅田城の裏門を移築したもの。ＪＲ堅田駅からバス出町下車。

☎０７７―５７２―１０３０

◆出島の灯台

高さ8《メートル》の木造の灯台。昔から船の座礁や難破事故が絶えないことから、明治8年（１８７5年）にこの灯台が建てられた。昭和36年第二室戸台風で倒壊寸前となったが、昭和48年地元で保存運動が起こり、灯台の修復が行われた。ＪＲ堅田駅からバス末広町下車徒歩10分。

☎０７７―５７３―１０００
（堅田駅前観光案内所）

◆びわ湖大橋米プラザ

近江米に関する情報発信施設で、近江の稲作文化やお米についての知識を映像やパソコンで学べる。田植えから稲刈りまでの体験ゲームコーナー、パソコンやカードで見られるクッキング講座がある。レストラン・売店・無料休憩所、道路情報施設を併設した「道の駅」としても利用されている。ＪＲ堅田駅からバスびわ湖大橋米プラザ下車すぐ。

☎０７７―５７４―００１０

◆琵琶湖大橋

昭和39年9月、琵琶湖の東西を直結させた有料橋。県内の国道、名神高速道路、湖西道路を最短距離で結ぶ。長さ１３５０ｍ。
☎０７７―５２４―０１４１
（滋賀県道路公社）

◆お満灯籠

湖西比良の八荒という力士に一目ぼれをしたお満という娘が、嫁にしてほしいと頼んだところ、八荒は１００日間、自分のところに通い続けたらといったので、お満は毎夜今浜（守山市）から比良の明かりを頼りに舟で通い続けたが、99日目にあまりの熱心さに怖くなった八荒が目印の明かりを消したので、方向が定められないお満は湖に投げだされた。彼女を哀れんだ村人が大きな灯籠を建て霊を慰めた。毎年3月下旬の突風を「比良八荒」というが、この話がいわれと伝わる。大きなお満灯籠はいまも琵琶湖大橋東詰料金所付近に建つ。

◆滋賀県立琵琶湖博物館

「湖と人」がテーマの、県内最大の博物館。琵琶湖にすむ魚を集めた水族展示では全面ガラス張りのトンネルが出迎えてくれる。他にも歴史や環境を学べる3つのゾーンがある。

ＪＲ草津駅から烏丸半島行きバスで琵琶湖博物館下車。入場料５００円。月曜休館。

☎０７７―５６８―４８１１

◆佐川美術館

１９９８年3月に開館。建物は切妻造の大屋2棟が水面に浮かんでいるかのような外観。シルクロードを描きつづける日本画家の平山郁夫氏と、西洋と東洋の垣根を越えて市井の人間の飾らない美しさを表現しつづける彫刻家の佐藤忠良の作品が展示の柱となっている。ＪＲ守山駅からバス佐川美術館下車。
☎０７７―５８５―７８００

◆下新川神社

毎年5月5日に「すし切り」の神事が行われる（別掲）。ＪＲ守山駅からバス下新川神社下車すぐ。
☎０７７―５８５―３３８０

◆勝部神社

物部宿禰《すくね》広国が大化5年（649）に創建したと伝わる古社。現在の本殿は戦国時代に佐々木氏が再興したもので、重要文化財。1月8日の火祭りは、県を代表する勇壮な火の祭典で、県の無形文化財。ＪＲ守山駅から徒歩10分。
☎０７７―５８３―４０８５

◆芦浦観音寺

天台宗の寺院でありながら、内堀と外堀と石垣があり、一見城のようである。明治維新まで船奉行として琵琶湖上権を独占していた。ＪＲ草津駅からバス芦浦下車徒歩5分。
☎０７７―５６８―０５４８

◆錦織寺

真宗木辺《きべ》派の本山。平安時代初め、慈覚大師円仁が夢のお告げにより自作の毘沙門天像を安置して、一堂を造立したのが開基とされる。のち、親鸞が阿弥陀像を安置して再興した時、天女が下ってきて、蓮の糸で織った錦を献じたという奇端があり、錦織寺の寺名が付けられたといわれる。池泉《ちせん》鑑賞式の庭園は独特の趣が感じられる。ＪＲ野洲駅からバス木部下車すぐ。
☎０７７―５８９―２６４８

◆福林寺

平安時代初期の最澄の開基と伝わる天台宗の寺院。境内には、本堂・庫裏・観音堂・表門が建ち、奥の収蔵庫には平安末期作、重要文化財の本尊の木造十一面観音立像が収められている。本堂に向かって境内右側の石造宝塔2基も国指定の重要文化財。ＪＲ守山駅からバス木浜下車すぐ。
☎０７７―５８５―１２０５

◆兵主大社

広大な境内の入口に足利尊氏が寄進した楼門があり、そこをくぐると楠などの樹木におおわれる参道の奥に拝殿と本殿がある。社殿南の庭園は、心字形の池を中心とした回遊式洲浜型の名庭である。ＪＲ野洲駅からバス兵主大社前下車徒歩5分。
☎０７７―５８９―２０７２

満月寺内の堅田の浮御堂。手前は芭蕉句碑

琵琶湖を支配した堅田衆

坂本から旧北国海道（西近江路）をさらに北上すると、苗花《のうか》・雄琴《おごと》・衣《きぬ》川《がわ》の集落を経て、約三キロほどで堅田《かたた》に至る。堅田は、織田信長の時代、元亀二年（一五七一）に、ポルトガルの宣教師ルイス・フロイスが「甚だ富裕なる堅田と称する町」と記録したほど、中世後期に繁栄をみせた町であった。

堅田の集落は、旧北国海道の東方、湖岸沿いに立地しており、現在は本《ほん》堅田と今《いま》堅田から成っている。堅田で一般に広く知られる史跡は、近江八景の一つ「堅田の落雁《らくがん》」で著名な浮御堂《うきみどう》（満月寺）である。平安時代、恵《え》心僧都《しんそうず》源信が、湖上通船の安全と衆生済度《しゅじょうさいど》を念じて建立し、千体阿弥陀仏を安置したのに始まると伝える浮御堂の特徴は、湖中に突き出して建てられた堂舎にある。堂舎に灯火がともれば、それは湖上を行く船の灯台ともなったであろうと想像されるその姿は、湖と生活をともにしてきた堅田の歴史を、いまによく示すものといえよう。

また、同寺の北には、伊豆神社が鎮座している。現在は小社であるが、

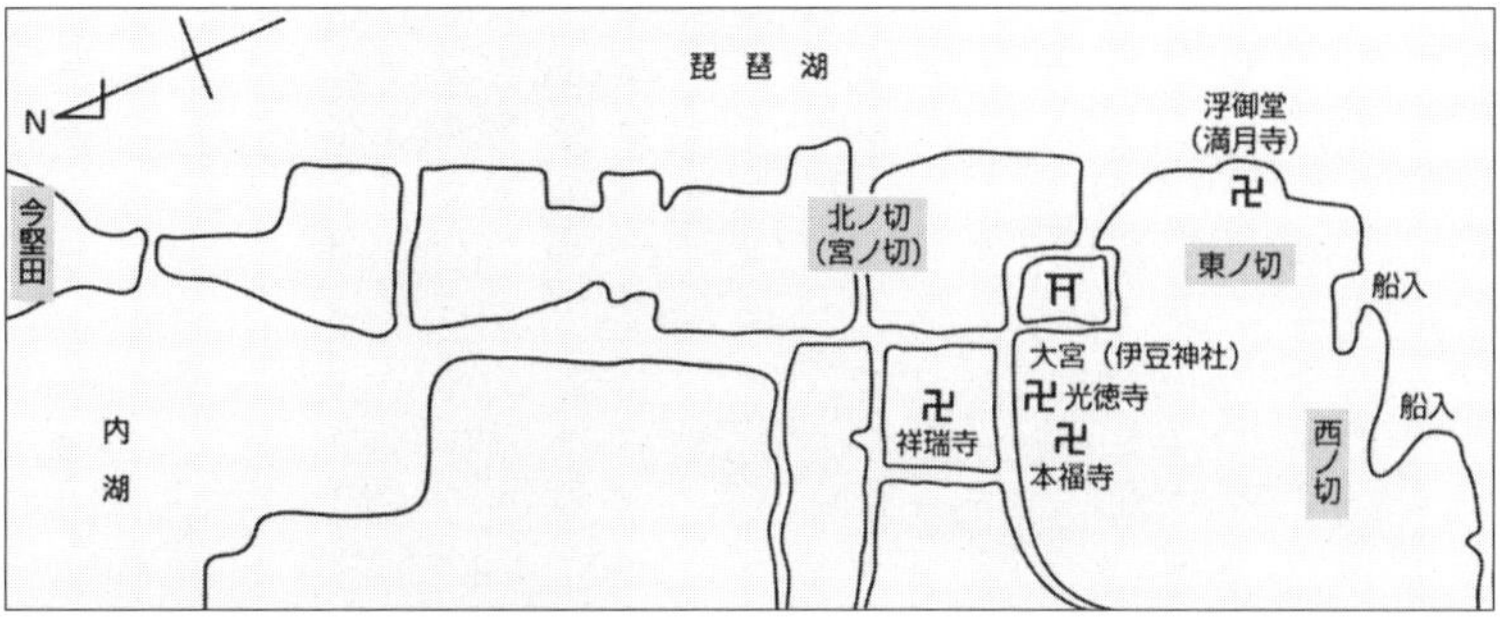

中世の堅田《かたた》四方《しほう》
文政8年（1825）の『本堅田村絵図』（伊豆神社蔵）をもとに作成した。原図は近世後期のものだが、その位置関係は中世とほぼ変わらないと考えられる
「図説　大津の歴史（上）」より

かつては「堅田大宮《おおみや》」と呼ばれる、堅田地域の総鎮守社であった。中世、堅田は、「堅田四方《しほう》」と称し、宮の切《きり》（北の切）・東の切・西の切・今堅田の四方から成っていた。宮の切は、堅田開発の地で、堅田四方を統率する「惣領の切」の立場にあり、そこに鎮座する伊豆神社は、堅田の総社として崇敬されていたのである。

ところで、同社の景観を特徴づけているのは、その周囲にめぐらされた堀割である。じつは、江戸時代の村絵図などでも知れるように、かつての堅田の集落には、集落を囲み、また集落内を縦横に船で往き来するための湖水を引き込んだ堀割がめぐらされていたのである。その跡は、いまも伊豆神社をはじめ、各所に残っており、浮御堂の特異な景観とともに、湖に生活し、繁栄した堅田の人々の歴史をいまに伝えているのである。

さて、堅田は、琵琶湖の北湖と南湖の間のくびれ、湖の最狭部に位置することから、古代より交通の要所として発達した。ことに、十一世紀後半に、京都・下鴨《しもがも》社の御厨《みくりや》となることにより、同社に供物を納める供祭人《くさいにん》（供御人《くごにん》）として、琵琶湖の自由通行権を獲得し、これをもとに中世後期、室町時代ころには強力な湖上特権をもつようになり、水運・商業の町として栄えたのである。

琵琶湖と湖東の山なみを背景とした居初家の庭園「天然図画亭」

その湖上特権で注目されるのは、上乗《うわのり》と関務《せきむ》である。上乗とは、琵琶湖を航行する船が海賊に襲われ、荷物や旅人に危害を加えられることを防ぐため、堅田衆が船に乗り込んでその安全をはかったものである。琵琶湖各浦の船主は、航行の安全のため、上乗権をもつ堅田衆の有力者に謝礼を支払い、その有力者の家紋などを船の旗印につけて航行し、安全を保障されたという。

また、関務は、山門《さんもん》（延暦寺）の横川《よかわ》が航行する船から通行税を取るために堅田に設けた湖上関の管理の実務を請け負っていたものであった。堅田は、古代より下鴨社領の御厨であると共に、延暦寺横川領の庄園ともなっていたことによる。堅田がこの上乗・関務という湖上特権をもつに至った背景には、琵琶湖の最狭部に位置するという地理的条件と、造船業の発達があったと考えられる。

この堅田の上乗権・関務権は、堅田衆の中で指導的立場にあった地侍の殿原《とのばら》衆がもっていた。殿原衆は、下鴨社御厨供御人として早くから堅田に勢力をもった家々で、居初《いそめ》党・刀禰《とね》党・小月《おづき》党などと称し、宗教的には聖《しょう》瑞庵《ずいあん》（のちの祥瑞寺《しょうずいじ》）などの臨済禅に帰依するものが多かった。そして、殿原衆は、堅田四方（宮ノ切・東ノ切・西ノ切・今堅田）の鎮守社である

全人衆が結束を固めた本福寺

堅田大宮（伊豆神社）の宮座を中心に自治的組織をつくり、中世の新しい村「惣村《そうそん》」を営んでいたのである。

いっぽう、その支配下には全人衆《まろうど》などがいた。全人衆は、百姓・商工業者などからなり、新たに下鴨社御厨の供御人として参入した人々であった。その中でも富裕な商人は、東北・北陸から山陰といった広く日本海方面までも交易して活躍していたという。全人衆は、真宗を信仰して、本福寺《ほんぷくじ》を中心にその結束を固め、しだいにその勢力をのばしていった。

堅田大責《おおぜめ》と堅田衆

寛正六年（一四六五）の延暦寺僧兵による大谷本願寺破却により、京都を追われた本願寺第八世蓮如《れんにょ》は、宗祖親鸞《しんらん》の御影《みえい》を守って近江に逃れ、ここを布教の地とした。蓮如の近江布教を支えた有力門徒の一人が、堅田の本福寺三世住持の法住《ほうじゅう》であった。法住が蓮如の庇護者となり得た背景には、先にみた堅田門徒の経済力また軍事力（水軍力）があったことはいうまでもない。そして、応仁元年（一四六七）には、その蓮如を堅田・本福寺に迎えることになるのであった。

しかし、その滞在は長くつづかなかった。堅田大責という大事件が起こったからである。

応仁二年（一四六八）、室町幕府は山門（延暦寺）に堅田攻撃を命じた。将軍足利義政の邸宅「花ノ御所」の建築材料の運送を怠り、また幕府の蔵奉行籾井《もみい》信久の輸送船に海賊をかけたためという。

堅田総攻撃の情報を事前に知った本福寺の法住らは、いち早く蓮如と宗祖の御影を大津に逃がして三井寺《みいでら》（園城寺《おんじょうじ》）の保護下に入れた。そして、堅田衆は殿原衆・全人衆団結して、山門の攻撃を迎え撃ったのであった。

三月二十四日、山門僧兵の総攻撃がはじまった。堀割を周囲・縦横にめぐらした堅田は、あたかも環濠を備えた城塞都市のようであり、強大な軍事力をもつ堅田衆は、五日間よく戦いもちこたえたが、家々に火をかけられ、二十九日、堅田を捨てて船で沖島《おきしま》に落ちのびたのであった。

堅田大責の結果、堅田衆のもっていた湖上特権の上乗・関務は、山門（延暦寺）支配下の坂本にとって替わられた。しかし、堅田衆は、これで屈したわけではなかった。その後、しばらくして、山門（延暦寺）と坂本衆との間に確執が生じたとき、坂本攻めの先兵として「名ヲ末代ニ残《ノコサン》ト」戦い、上乗・関務の特権を奪回したのであった。

堅田の関屋《せきや》
殿原衆が管理していた延暦寺の湖上関。左の竹矢来に囲まれた建物が関屋（「近江名所図」滋賀県立近代美術館蔵）

そして、その戦功をもとに、山門との和解が成立した。文明二年（一四七〇）、堅田衆は莫大《ばくだい》な「礼銭・礼物」を負担することによって、沖島から堅田への還住を許されることになったのである。その還住の礼銭は、殿原衆・全人衆の区別なく負担することになったのである。なかでも、全人衆の結束の要となった本福寺では、法住が三百八十貫文、弟の法西が八十貫文という大金を負担している。堅田大責は、全人衆の経済的実力をも示すこととなったのであった。

堅田大責以後、殿原衆と全人衆の間にあった身分的格差は、しだいに解消していった。堅田の行政的な問題は、殿原衆と全人衆の立ち会いのもとで協議して行うと取り決められたし、また従来、殿原衆が独占していた堅田大宮（伊豆神社）の宮座にも、全人衆が参加することになったのである。新しい自治意識の萌芽もあった。上乗・関務の特権を奪回した後、責務は、その功によってか全人衆にゆだねられた。しかし、一両年後、本福寺四世明顕の意見により、幕府・守護からの課税や家別・屋別の棟別銭《むなべつせん》、臨時の課税などを、関銭収入によって支払うという条件で、殿原衆に返還したのである。関銭を一部の特権的な人の利益とせず、堅田の全住民の利益として活用しようとしたのであった。

このように堅田は、堅田大責という苦難を乗り越えて、惣村としての結束をいっそう強固なものとし、戦国時代の中で水運・商業による経済力をたくわえ、先述したフロイスの言う「甚だ富裕なる堅田と称する町」として成長していったのであった。

信長・秀吉と堅田

しかし、堅田衆による「自治都市」は長くはつづかなかった。戦国大名の天下統一戦いに、堅田もまた巻き込まれていき、織田信長の入京により、堅田はその支配下に組み込まれていくことになるのである。

元亀元年（一五七〇）十一月、織田信長と越前の朝倉義景および江北の浅井長政との戦いの中で、堅田の支配層であった堅田侍の猪飼氏・馬場氏・居初氏らは信長軍に味方し、本願寺の命をうけた真宗門徒は朝倉・浅井軍に味方して、堅田は二派に分裂して戦うことになったのである。堅田には当時、信長の出城があって、南下した朝倉・浅井の大軍の中で孤立していた。十一月二十五日、信長に内応した堅田侍の猪飼・馬場・居初氏らは、湖上から援軍の入城を成功させるが、朝倉・浅井軍と真宗門徒の攻撃に堅田城

祥瑞寺
殿原衆の信仰を集めた祥瑞寺。名僧一休和尚の修養地でもある

は落ち、援軍の大将坂井政尚《まさひさ》以下、信長軍はほぼ全滅したのであった。

この報復戦は、翌元亀二年九月に展開された。九月十二日のいわゆる山門（延暦寺）焼き討ちである。この戦いで信長軍は、延暦寺・坂本ばかりでなく、堅田の町も焼き尽くし、反信長勢力を一掃したのである。以後、堅田侍は、坂本城主明智光秀の配下に水軍として組み込まれ、囲舟《かこいぶね》（兵船）の造船を命じられると共に、この囲舟による江北の浅井軍攻略の先兵として働くことになる。

なお、元亀四年二月には、将軍足利義昭の反乱に今堅田衆が呼応し、義昭方の光浄院暹慶《せんけい》・磯谷《いそがい》久次らが今堅田城に挙兵したが、信長軍により駆逐されている。

そして、これらの信長の近江攻略の戦いの中で、堅田の猪飼甚介は、信長の「船奉行」として湖上支配にあたることになり、諸税・課役の免除や諸浦への自由廻船といった堅田の湖上特権は、信長政権によって保証された。また、造船をになう堅田の船大工にも諸税・課役免除の特権が与えられた。

その後、信長の死によって猪飼甚介は失脚するが、信長政権を継いだ豊臣秀吉は、堅田の湖上特権を引き続き保証した。しかし、秀吉は、大津百

堅田の歴史を伝える「湖族の郷資料館」

艘船の船持仲間の編成など、大津を湖上交通の拠点とする政策をとったので、堅田の湖上特権は大津と二分されることになり、ここに堅田は湖上特権の独占権を失うに至るのである。それは、栄光の中世都市堅田の終焉であった。

なお、この堅田の栄光の歴史を顕彰して、まちづくりに生かそうという動きが近年出ている。湖族の郷《さと》実行委員会の活動である。講演会や建碑など様々なかたちで、古代から近現代までの堅田衆の誇るべき歴史を、次代に語りつぐべく活動がすすめられている。平成九年四月には、堅田の歴史や文化を築いた堅田衆をはじめ堅田ゆかりの先人の足跡をたどる「湖族の郷資料館」が開館した。

琵琶湖大橋を越えて

静かな佇まいの堅田のまちから国道一六一号に出ると車の往来が頻繁となる。国道一六一号をまっすぐ北上すると四季を問わず行楽で賑わう比良の山々が連なる。近江戦国の道は、国道四七七号との交差点を右折して、平成六年に四車線化された琵琶湖大橋を渡る。琵琶湖大橋西の道の駅「び

びわ湖大橋米プラザ

わ湖大橋米プラザ」では近江の稲作文化やお米についての知識を映像やパソコンで学べる近江米に関する情報発信施設として人気を集めている。

琵琶湖大橋は琵琶湖の一番狭い部分の大津市今堅田と対岸の守山市今浜を結び、大型観光船が行き交うため中心部が膨らんだアーチ形の美しい姿を湖面に映している。

琵琶湖大橋を通過してすぐに「お満灯籠」と呼ばれる自然石の石灯籠があり、恋する娘の悲しい伝説を伝えている。県道大津・能登川・長浜線と交叉する信号を左折し、琵琶湖を左手に見ながらまっすぐ近江八幡に続くこの道は整備が進み、湖岸のオートキャンプ場は水泳場はリゾート地として賑わいをみせている。

守山市内には、勇壮な火祭りで有名な勝部神社や、琵琶湖特産の鮒鮨を調理して供える「すし切り神事」が行われる下新川神社《しもにいかわじんじゃ》がある。(別掲)

遠浅の水泳場でシーズンには京阪神より多くの家族づれ、若者で賑わう、なぎさ公園が続く。このあたりから見る冠雪した比良の山並みは、寒風の中にりんとした美しさを見せてくれる。

野洲川を越えると野洲市に入る。

野洲市五条には、武士の崇敬を集めた兵主大社《ひょうず》がある。奈良時代の創建

兵主大社の楼門

で、三世紀頃穴太（大津市）に社地が設けられ、欽明《きんめい》天皇の時代にこの地に遷され、社殿が造営されたといわれている。朱塗りの楼門は足利尊氏の寄進と伝えられ、徳川家康の保護も厚かった。国の指定名勝の庭園は、鎌倉時代末期の作といわれる大規模な回遊式池泉庭園で、しっとりとした雰囲気が感じられる。少し足を伸ばして、親鸞が阿弥陀像を安置して再興したといわれる野洲市木辺《きべ》の錦織寺《きんしょくじ》も訪れてみたい。

守山から、近江八幡まで琵琶湖にそってまっすぐの道路が続くが、日野川を越えて、急に大きく右にカーブをとると左手の小高い山に、「水茎《みずくき》岡山城跡」の碑が見える。現在は干拓されているが、岡山城は周囲を湖に囲まれた「琵琶湖の浮城」であり、九里《くのり》氏によって築城され、わずか十数年で佐々木六角定頼に攻められ落城した。昭和五十七年に九里氏とその家臣の供養碑が建てられた。

岡山城跡を過ぎると八幡山が前方に見えてくる。まもなく近江八幡のまちに入っていく。

（中森　洋）

近江八幡から安土

沖島
彦根
愛知川
水車資料館
カヌーランド
伊庭内湖
摠見寺
展望よし
三重塔
安土城跡
西ノ湖
秀吉邸跡
大手道
利家邸跡
彦根
天主タワー
石や
JR東海道本線
(琵琶湖線)
あづち
安土
県立安土城考古博物館
安土城天主・信長の館
文芸セミナリヨ
浄厳寺
城郭資料館
沙沙貴神社
桑実寺
キヌガサ
繖山
432m
観音寺山
観音寺城跡
観音正寺
八日市
八日市

琵琶湖
休暇村近江八幡
長命寺
奥津島神社
参道石段は808段
円山神社
水茎岡山城跡
琵琶湖大橋へ
船岡山
村雲御所瑞龍寺
かわらミュージアム
八幡山城跡
八幡山
ロープウェイ
日牟禮八幡宮
八幡堀
旧西川家住宅
白雲館
水郷めぐり
郷土資料館
歴史民俗資料館
新町通り
郷土資料館
旧伴家住宅
市役所
近江八幡
おうみはちまん
大津
近江八幡・新町通り

みちしるべ

◆八幡山・八幡山城跡

所要時間4分のロープウェーで山頂につく。豊臣秀次の居城跡にはお願い地蔵、瑞龍寺があり、本丸、西の丸や北の丸跡も残っている。JR近江八幡駅からバス大杉町下車徒歩5分、ロープウェーで山頂駅下車。

☎0748―32―0303

◆瑞龍寺（村雲御所）

八幡山山頂の八幡山城本丸跡にある日蓮宗の寺院。豊臣秀次の母であり秀吉の姉の瑞龍院日秀尼が、京都に秀次の菩提寺として創建したが、昭和37年に秀次ゆかりの地であるここに移された。日蓮宗唯一の門跡寺院であり格式が高い。村雲御所とも呼ばれる。

☎0748―32―3323

◆長命寺

古くから延命寿命で名高い寺である。室町時代の本堂や桃山時代の三重塔など多くの文化財がある。JR近江八幡駅からバス長命寺下車徒歩20分。

☎0748―33―0031

◆かわらミュージアム

八幡堀沿いにあった瓦工場跡地に建てられた10棟からなる瓦葺きのミュージアム。江戸時代元禄年間に京都の瓦職人が寺院建築のために移住してきたことから始まったのが八幡瓦のルーツ、館内では地元の八幡瓦をはじめ、国内外の瓦コレクションの展示や製造工程を紹介している。JR近江八幡駅からバス大杉町下車徒歩5分。

☎0748―33―8567

◆市立資料館（郷土資料館）

近江商人、西村太郎右衛文の屋敷跡に建ち、街の歴史が一目瞭然。歴史民俗資料館が隣接し、江戸時代の民家を修復した内部では近江商人の帳場風景や生活様式をみることができる。JR近江八幡駅からバス小幡町資料館前下車すぐ。

☎0748―32―7048

◆水郷めぐり

近江八幡と安土にまたがる西の湖を中心に、幾重にも入り組んだ水路を屋形船でめぐる。

☎0748―33―6061（近江八幡駅北口観光案内所）

☎0748―46―4234（安土町観光案内所）

◆日牟礼八幡宮

源頼朝が建造したといわれる古社。近江商人の厚い信仰を集め、風格がある境内には「安南渡海船額」など多くの文化財がある。JR近江八幡駅からバス大杉町下車すぐ。

☎0748―32―3151

◆ヴォーリズ記念館

近江八幡市の名誉市民第1号になったヴォーリズの居宅を記念資料館として公開。木造の外壁と赤い瓦屋根に白い煙突を持った瀟洒な洋館で、ヴォーリズの83年間にわたる生涯の記録と遺品を展示している（要予約）。JR近江八幡駅からバス鍛冶屋町下車徒歩3分。

☎0748―32―2456

◆県立安土城考古博物館

安土城の金箔、滋賀県内の遺跡、古墳から出土した銅鐸、城郭関連の模型、資料が常設展示。安土城天主をイメージした望楼がそびえている。JR安土駅から徒歩25分。

☎0748—46—2424

◆安土町城郭資料館

JR安土駅南側、宣教師フロイスが信長に献上した時計がのる「相撲櫓」に隣接。実物の20分の1の安土城の模型がある。天主タワーと信長像が目をひく。JR安土駅下車すぐ。

☎0748—46—5616

◆文芸の郷・安土城天主信長の館

スペインセビリア万博（平成4年）に出品された安土城天主の最上部5、6階部分を安土町が譲り受け展示している。金箔瓦や金箔の鯱で飾られた壮麗な姿は、当時ヨーロッパまで伝えられたとされる。信長の館周辺にはパイプオルガンのある音楽ホール「文芸セミナリヨ」などがあり、文芸の郷は総称。JR安土駅から徒歩25分。

☎0748—46—6512

◆沙沙貴神社

近江源氏佐々木氏の氏神をまつる。豪壮な楼門、生い茂る森、社殿が建ち並ぶ。JR安土駅から徒歩10分。

☎0748—46—3564

◆安土城跡

標高199メートルの安土山に、織田信長が天下布武の号令を出した安土城跡がある。天主跡からは、伊庭内湖をはじめ湖東平野の眺望がすばらしい。JR安土駅から徒歩25分。

☎0748—46—4234

（安土町観光案内所）

◆観音正寺

繖山の山頂付近に建ち、聖徳太子が人魚に哀願されて建立したといわれる。急な石段が寺の歴史を感じさせるが、東近江市五個荘側から自動車道が完備されている。JR能登川駅からバス観音正寺口下車徒歩1時間。

☎0748—46—2549

◆東近江市能登川博物館

図書館などを含む総合文化情報センター内の施設で、地域を考現学するかのように常に新鮮な話題を提供している。JR能登川駅から徒歩15分。

☎0748—42—6761

◆桑実寺

創建は藤原鎌足の子、定慧で、彼が中国から桑の実を持ちかえり、養蚕を教えたのが寺の名前の由来といわれる。JR安土駅から徒歩50分。

☎0748—46—2560

◆浄厳院

——安土宗論が行われた浄土宗の寺院

近江源氏佐々木六角氏の菩提寺があった慈恩寺の旧地に織田信長が安土城築城と同時に創建し、近江と伊賀両国の浄土宗総本山としたのが始まり。本堂には本尊木造阿弥陀如来像が安置されている。JR安土駅から徒歩10分。

☎0748—46—2242

◆能登川水車とカヌーランド

カヌーの練習や貸ボートで楽しむことができる。水車資料館では、5メートルの水車の動力を利用して精米作業が行われている。JR能登川駅から車で5分。

☎0748—42—3000

（水車資料館）

豊臣秀次の像

青年武将、秀次

八幡山のふもと、桜や紅葉で有名な八幡公園の高台に、豊臣秀次の銅像が建てられている。左大臣・関白の正装。右手に笏《しゃく》をもち、少しきびしい表情で城下町をにらむ。その顔は、叔父秀吉に似ているように感じられるが、もちろん実際のところは分からない。

権力者秀吉の甥として引き立てられ、庇護を受ける。そして、同じ権力により二十七歳の若さで自殺に追いやられた秀次。

きびしいとも思われるその眼差しは、精根込めた町づくりへの愛着の現れか、あるいは過酷な己の運命を見据えようとしているためだろうか。

秀次は、永禄十一年（一五六八）、尾張国大鷹村（名古屋市緑区）で生まれた。母は、秀吉の実姉である。幼名は治兵衛、十二歳のとき三好家に入り孫七郎信吉を名乗る。間もなく実子のない秀吉の養子となり羽柴孫七郎秀次と改名した。

少年時代から、秀吉の陣に加わり合戦の手ほどきを受けた。

天正十一年（一五八三）一月、十六歳にして一軍の将に任ぜられ、大君《おじ》ケ《が》

京街道に沿って建つ近江八幡市立資料館

畑越えで伊勢の滝川一益を攻めた。同じ年の四月、賤ヶ岳の合戦に参加、秀吉軍の一角として敗走する柴田軍を越前北庄で亡ぼした。

翌十二年には、長久手の戦いで徳川家康に惨敗を喫した。このとき重要武将の多くを失い、自分は命からがら逃げ帰った。秀吉から「甥としての誇りをもて」と、強い叱責を受けた。

しかし、天正十三年（一五八五）三月の紀州根来寺《ねごろでら》攻め、四月の四国長曽我部攻めで戦功をあらわした。

秀吉の怒りは解け、同年八月、近江の蒲生・神崎・野洲の三郡と大和の一部、あわせて四十三万石を与えられ八幡山に封ぜられた。補佐役に、山内一豊・田中吉政・中村一氏・堀尾吉晴ら。

秀吉が、重臣とともに身内の秀次をここに配置したのは、近江湖東地方の戦略的な重要性を十分認識していたからであろう。秀次は、ただちに八幡山での築城作業にとりかかった。

戦場を駆けめぐるなかで、かち得た領地である。標高二百八十六メートル、八幡山の頂に立ち、眼下に青くひろがる湖と葦の茂る広野を眺める十八歳の青年大名のこころには、若々しい理想と情熱がいっぱいに溢れていたにちがいない。

築城当時の道すじが残る近江八幡市内

栄光から破滅へ

築城作業は、秀吉の大きなバックアップを得てすすめられた。天正十三年（一五八五）九月、秀次は秀吉からの「自分が視察にゆくから、油断なく関係者に申しつけ普請せしめよ」との朱印状まで与えられている。

築城の障害になるため、山上にあった八幡社を破却、山麓の八幡社に合祀した。旧安土城の城郭・石材の一部を八幡山に運び、武佐の長光寺山・馬淵の岩倉山（いずれも近江八幡市）などから大小の石を切り出し築城工事をすすめた。南向きの山腹には家臣団の邸宅が建設され、並行して城下町の建設もはじまった。

秀次の城下町構想には、大きな特色があった。それは、本町を中心に南北十二筋、東西六筋の整然とした碁盤の目状に整備したことである。戦闘にそなえて町内の道路を迷路化することよりも、商工業の発展を重視した都市計画である。

町の西側に商業区を、東北部に職人区を配置した。それらは、いまも魚《うわ》

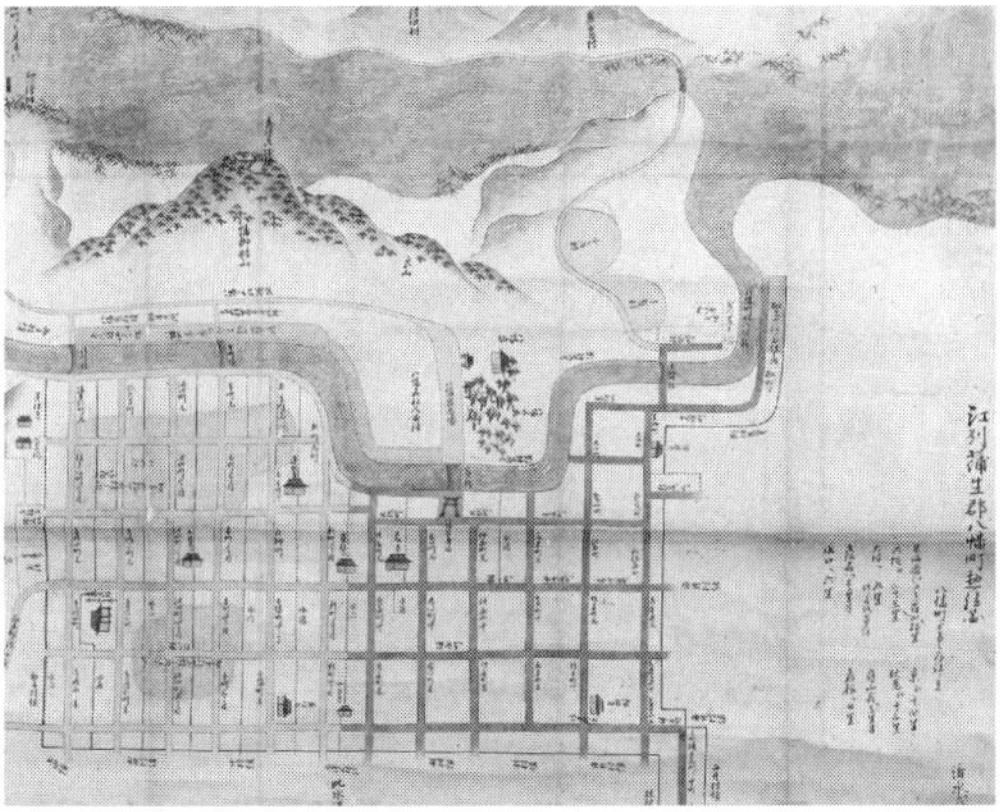

整備された八幡のまちなみ「江州蒲生郡八幡町惣絵図」（近江八幡市立図書館）

屋《い》・大工・桶屋・畳屋・博労《ばくろう》・鉄砲などの町名として残っている。また、安土城下町や小幡《おばた》商人（東近江市）を、八幡山城下に集団移住させた。新町・池田・永原《ながはら》などの町名が前者によるものであり、小幡は後者とのかかわりで名付けられたものである。

城下町の建設とあわせ、城の内堀として、また城下町と琵琶湖の水運をつなぐために運河が掘られた。南津田・船木・八幡・北ノ庄を結ぶ八幡堀である。

町の形態がほぼ整った翌天正十四年には、秀次は、城下に楽市楽座などを内容とした掟書を下した。

八幡山城の城郭は、天守部分でも広さが約千平方メートルと狭い。しかも、城内には飲料水がない。長期籠城には不向きである。その代わりに、城下の要所に寺院を配置し、戦時の場合の防衛拠点としている。

築城作業と城下町の整備をすすめながらも、秀次は秀吉の全国制覇の事業に従って多端な日々を送った。

天正十五年（一五八七）三月、近江の諸将を率いて九州・島津の討伐に出陣し、十七年から十八年にかけて、相模の小田原城攻めに参加した。

そして、天正十八年七月、小田原落城の論功で秀次は尾張国と北伊勢五郡、合わせて百万石を与えられ、清洲城主となった。八幡在城足掛け五年、秀次二十三歳のときであった。

秀次の後には、大溝《おおみぞ》（高島市）に在った京極高次が封ぜられ八幡山城主として二万八千石を領することになった。

天正十九年（一五九一）十一月、秀次は秀吉の養嗣子となり豊臣秀次と名を改め、十二月には、秀吉から関白職をゆずられた。秀吉は太閤として、自ら起こした朝鮮との戦争に専念するというのである。

だが、内外の政策決定権は変わらず秀吉が握っていた。さらに、二年後、秀吉と淀殿の間に秀頼が生まれると、秀吉は実子を熟愛するのあまり、秀次への権力委譲策を後悔するようになった。

両者の間に隙間風がたち、石田三成らの太閤派の家臣がそれを拡大した。文禄四年（一五九五）、種々の問題で秀吉の怒りを買い、ついに秀次は謀叛の罪を着せられるに至った。

同年七月三日、三成らの詰問を受け、八日に関白の職を剥奪され高野山に追われた。十五日に太閤の使者を迎えると、彼はついに同山青巌寺柳の間で命を断った。二十七歳であった。

秀次に「殺生関白」のあだ名がある。それは、権力の二重構造や秀吉と

豊臣秀次画像（京都瑞泉寺蔵）

の不仲に悶々とする中で、狩猟や浴場で気を紛らわせる機会が多かったことを、誇大に言い立てられたものらしい。

彼自身は、本当は公家社会で行われる詩歌や学問の雰囲気を愛する、穏やかな人なのであった。

秀次の子女・妻妾三十余人が、京の三条河原でことごとく殺されたことはあまりにも有名である。

八幡山城は秀次自殺後ただちに破却され、城主、京極高次は大津に移った。八幡山築城がはじまって十年目で八幡城下町は城主を失ったが、その後も商工業の町として栄え、現在に至っている。町民の心意気とともに秀次の都市計画・城下町振興策に負うところが大きい。

よみがえった八幡堀

昭和三十七年（一九六二）、天守のあった八幡山頂上に、京都の瑞龍寺本堂が移された。この寺は、文禄五年（一五九六）に秀次の母とも（日秀尼）が、わが子秀次の菩提を弔うため後陽成天皇の勅許を得て嵯峨野の村雲に創建したものである。江戸期に火災に遭い、西堀川に移されていたが、

秀次や家臣団の居館跡と思われる八幡山城の遺構

昭和になって秀次ゆかりの地に移築されたのである。
石垣などは築城当時のままで、いまでは天守の遺構を一巡りする遊歩道がつくられている。中の丸跡などからの比良・比叡の山々や琵琶湖の眺めは素晴しい。

瑞龍寺は、現在、鷲津《わしづ》啓静尼《けいじょうに》が十四世として住持される。瑞龍寺建設と同じ年に、山頂へのロープウェイもつくられた。

歩いて登るには、日牟礼八幡宮の東からの道と、八幡公園からの道とがある。いずれも二十分余で上れるので、歴史を噛みしめつつ歩いて登るのもよい。

八幡山の南の中腹に、秀次の館跡がある。孟宗竹の竹薮に覆われているが、高さ十メートルにおよぶ算木積《さんぎづ》みの高《たか》石垣の遺構には思わず圧倒される。

秀次館から南に、八幡堀の方向へ大手道が伸びていたと推定されている。この大手道の両側には、山内一豊らをはじめとする家臣団の邸宅が構えられていたらしい。平成四年、近江八幡市立図書館の建設にともなう発掘調査によって、これらの居館跡群と思われる遺構の一部が確認された。

昭和四十四年、近江八幡青年会議所のメンバーが、雑草が生い茂って悪臭を放つ八幡堀の保存修景運動をはじめた。

秀次の家臣田中吉政によって建設された八幡堀が再び蘇った

八幡堀は、城の内堀としての役割と、琵琶湖と城下町をむすぶ運河としての役割をもって開削されたものである。秀次は、湖上を運行する船は、この運河を通行すべきことを掟書に命じている。

城が破却されてからも、畳表・蚊帳《かや》・米・味噌・木材などを積んだ丸子《まるこ》船《ぶね》が八幡堀を往来し、長い間地元の産業に活況をもたらせた。

しかし、戦後の交通手段の変革により、八幡堀は荒れるがままとなった。埋め立てて道路や駐車場にしようという声さえ上がっていた。

堀の保全と復活を唱えた青年会議所のスローガンは、「堀は埋めた瞬間から後悔が始まる」というものであった。昭和四十六年、八幡堀浄化のための住民の署名運動が起こされ、二年間で一万名近い署名が集められた。四十八年には、青年会議所町並み保全委員会が、専門家の指導を得て保全修景計画「よみがえる八幡堀」を策定した。

以後、滋賀県による浚渫《しゅんせつ》事業がすすめられ、昭和五十八年から六十年にかけて国土庁の水緑パイロット事業のモデル地区として八幡堀の整備がなされ、地元有志の除草奉仕も相次いだ。

昭和六十三年には、「八幡堀を守る会」が結成され、平成元年に滋賀県の風景条例にもとづく「近隣景観形成協定」が認定された。

伝統的建造物群保存地区の指定を受ける新町通り

この協定書の第四条には「(協定者は)周囲の景観が良好に保たれるよう、建築物・樹木などの維持管理に努めるものとする」とある。周辺居住者に、八幡堀の景観にふさわしい壁の色や屋根の作り、垣や柵、植栽を求めているのである。

こうして、八幡堀はよみがえった。白雲橋を中心とした一帯は、いまや時代劇撮影の恰好の場所となっている。日曜日には、イーゼルを立て絵筆を走らせるアマチュア画家の姿も目につき、堀端を散策する旅行者も数多い。平成七年には、堀にそって「かわらミュージアム」が開設された。瓦づくしの建物で、それ自体が一つの展示物となっている。八幡瓦の歴史や文化を伝えるとともに、体験工房では自由に作品を制作することもできる。近年、たねやの商業施設も進出している。

いっぽう、昭和六十三年に、近江八幡市立郷土資料館のある新町通りや八幡堀周辺・永原町通りの十三・一ヘクタールが伝統的建造物群保存地区に指定された。白壁造りの土蔵や見越しの松など、往時の繁栄をしのばせる町並みが残され、やはり観光客の人気が集まっている。

秀次にはじまった町づくりが、新たに市民のちからで、今すすめられているのである。

近江商人のふるさと近江八幡

■近江商人の起源

豊臣秀次の時代に近江八幡の城下町に一大動脈の八幡堀がつくられた。八幡堀は現在、浄化され、修景事業が進められ、多くの人々をひきつける拠点として整備がされてきた。八幡堀は、近江八幡の城下町が栄える大きな要因であり、江戸時代になると近江商人の発生と発展、さらに町の繁栄に大きな役割を果たし、大津と並ぶ賑わいをみせたという。

近江商人は、近江の国の商人という意味でなく、近江で生まれ育って、他国で店を出し商売をした人々を、他国の人が「近江商人」と呼んだのである。

幕藩体制の厳しい中、自由に他国に店を出すことは許されていなかったが、近江においては、大藩は彦根だけで、南半分は天領や多くの大名の飛び地であり、統制経済の手が届かないところにあったことが大きく影響していた。

近江商人が発生した地域は県内の一部の地域であるが、中でも八幡商人は高島商人とともに江戸時代初期に、松前、盛岡、江戸などへ出て城下町の形成に参画し、全国の商品の卸小売商で栄えた。

八幡商人の数は多いが、商いの形態別の代表的には次の人物があげられる。

■北海道開拓と両浜商人

松前の城下町開拓時代には、近江をはじめ全国各地から多くの商人が北海道へ出掛けたが、近江商人の正直さと親切さからやがて、当地では近江商人が主流となり、松前藩から八幡商人と柳川出身の商人が組んだ「両浜商人」に多くの特権が与えられ、城下の有力な存在となっていった。北の水産物の多くが北前船で京都・大坂へ運ばれていった。西川伝右衛門はこうした商人の一人である。

■八幡の大店《おおだな》

近江八幡城は秀次亡きあと廃城となったが当時の重要街道に面していたことで、徳川家康の大坂攻めの際、八幡は兵站基地となり、その時の功で天領となった。そして江戸城下の形成のとき、日本橋の掘留界隈の一等地に土地をもらい大店を開いた商人がいる。畳表や蚊帳を問屋制家内工業で製造し、地場産業を育成し、江戸や大阪で販売した「八幡の大店」と呼ばれており、伴庄右衛門や西川利右衛門、西川甚五郎がいる。

ひとくちに近江商人といってもその出身地域や時代により違う商人群であり、商法もちがったが、いずれも大商人に成長している。近江商人が他国で成功を収めたのは、共通した商いの理念があったのである。

■「三方《さんぽう》よし」の経営理念

商いをする以上売手によし、買い手によしとするのは、当然であるが、近江商人は共通して「世間よし」の考えを商いに持ち込んでいる。商人が軽視された江戸時代に他国で商売を展開するための必要な理念であったのだ。

八幡堀から南の新町通りには、江戸時代から明治にかけて建築された商家が整然と残っている。当時の商人の勢力の大きさと、「しまつして、きばる」という独特の商業思想を偲ぶことができる。

近江源氏、佐々木氏

滋賀県には、中・近世の城砦が千三百ヶ所以上あるという。指折りの城砦保有県なのだ。

わけても、東国から京への重要な幹線道路であった中山道沿いに見える小高い山々には、戦国の近江と深いかかわりをもつ城跡を残すところが多い。東近江市と安土町にまたがる繖山《きぬがさ》(標高四百三十二メートル)がその代表格であろう。ここには近江源氏佐々木六角氏の観音寺城があった。のちに触れるが、信長に攻められあえなく落城した永禄十一年(一五六八)まで、ときに盛衰はあったものの約二百年のあいだ、そこは名門六角氏の近江支配の拠点であった。

かつて、近江の蒲生《がもう》郡には豪族狭々《ささ》城山君《きのやまのきみ》の子孫佐々貴氏があり、沙沙貴神社を氏神として栄えていた。いっぽう、平安中期、おなじ蒲生郡の佐々木荘に宇多源氏の血筋をひく佐々木経方《みちかた》が本拠を構えた。

以来、佐々貴氏と佐々木氏の同化がすすみ、鎌倉期以降は勢力の強い佐々木氏が佐々貴氏を吸収、近江源氏佐々木氏の系譜を形成していった。

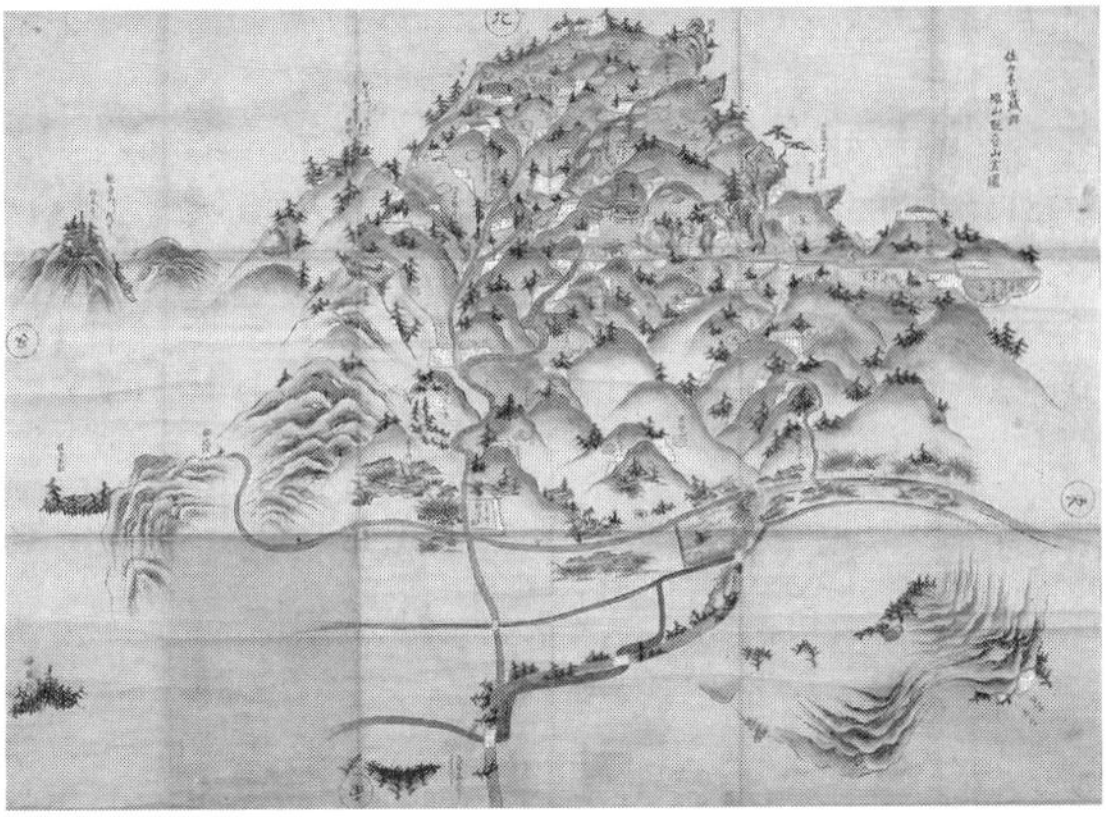

紙本著色観音寺城古図（個人蔵　写真安土城考古博物館提供）

治承四年（一一八〇）、源頼朝が伊豆で反平氏の旗を揚げた。

このとき、経方の孫の佐々木秀義《ひでよし》はその子定綱《さだつな》・経高《つねたか》・盛綱《もりつな》・高綱《たかつな》らを率いて頼朝を支え、大きな戦功をたてた。これにより、嫡子定綱が近江一国の守護となり、一族が数十国の守護に任ぜられるなど佐々木氏繁栄の基礎を築いた。

嘉禎四年（一二三八）、信綱のとき、小脇《こわき》郷（東近江市小脇町）の居館に鎌倉幕府の将軍頼経《よりつね》・執権泰時らを迎えた。『吾妻鏡』は信綱の館のさまや饗応のもようについて、

「おん儲《もうけ》結構比類なし」

と記している。

信綱死後、泰綱が惣領家を継いだ。邸宅を京都の六角東洞院《ひがしのとういん》に持っていたことから、以後、佐々木六角氏と称される。

六角氏が繖山に城を築いた時期は特定できないが、史料から、元弘三年（一三三三）、すでに観音寺城の存在が推定されている。しかし、当時のものは、屋根に構えた砦と観音正寺の坊舎を組み合わせた簡易な戦闘用の城砦で、戦国期に、はじめて計画的な縄張りによる築城が開始されたものと考えられている。

南北朝時代から足利幕府成立に至る動乱。足利幕府の衰退にともなう戦国乱世への突入。湖北では、佐々木京極氏を抑え浅井氏が台頭した。

観音寺城跡

六角氏は、近江における覇を浅井氏と争いつつ、久頼《ひさより》・高頼《たかより》・定頼《さだより》らが勢力を拡大し、中央政権の帰趨におおきな影響を与える戦国大名として成長していった。

天文十八年(一五四九)、定頼のとき、城下の石寺新市(安土町石寺)を楽市とした。これは、わが国における楽市の初見で近江の武将の先見性を示すものであろう。

観音寺騒動

このように、佐々木六角氏は、観音寺城を本拠地として対外的には畿内周辺でも、もっとも強固で安定した勢力を誇っていた。

しかし、永禄六年(一五六三)十月一日、その佐々木六角氏の屋台骨を揺り動かす事件がおこった。観音寺騒動という。

十八歳で父承禎(義賢)から家督を継いだ義弼《よしすけ》が、重臣後藤賢豊《かたとよ》とその子二人を計略にかけて殺してしまったのである。

当時、佐々木六角家を支えていた家臣の中で、とくに蒲生郡の中羽田(東近江市中羽田町)に本拠を構えていた後藤賢豊は家臣団の信望も厚く、

沙沙貴神社

権威を誇っていた。

これに対して、当時の義弼は、やがて賢豊が六角家を乗っ取るのではないかとの疑心を抱いた。そして、そのような事態に至るまでに後藤氏の勢力を削ぐことを考えた。

義弼は、後藤賢豊父子に観音寺城への登城を命じ、なんの疑いもなく登城してきた彼らを観音寺坂で殺害したのである。謀殺されたのは、賢豊の支城のあった能登川の佐生《さそ》橋（東近江市佐生町）辺りであったとも伝える。義弼が鹿狩りの勢子《せこ》を出すよう後藤氏に命じたが、後藤氏がこれに応じなかったため、叛心ありと考えたのが直接のきっかけであったという。

この事件は、六角義弼の思惑とは相反する方向に発展した。賢豊父子の謀反を知った重臣たちは、義弼の暴挙に抗議し、観音寺城の自らの屋敷に火を放ちそれぞれの根拠地に引き揚げたのである。

この事件は、六角の重臣で日野城主蒲生定秀《さだひで》らが奔走しようやく収まったが、一時は浅井の軍勢が愛知川まで南下して観音寺城をうかがう形勢であった。

一見強固に見えていた六角家の主従関係に、深い亀裂が走った。家臣の利益を無視する大名には、絶対服従はありえないという近江の国衆の気骨を示す事件であった。そしてこの観音寺騒動は、数年後の佐々木六角氏滅亡の遠因となった。

永禄十年（一五六七）四月に、「六角氏式目」が制定された。これは国内統治のルールを定めたものであるが、主人である六角承禎・義弼父子と重臣たちとの誓約の形式になっていて、大名の恣意《しい》を家臣団が規制する内容になっている。

堅城落ちる

永禄十一年（一五六八）八月、江州佐和山に入った織田信長から六角承禎・義弼父子に使者が届いた。「自分の入洛に協力するように」という趣きである。

信長は、かねて天下に号令すべく慎重に京への道筋の平定に力を入れていた。美濃・伊勢を抑え、江北の雄、浅井長政には妹お市の方を入れて同盟を結んだ。上洛を促す天皇の綸旨《りんじ》や将軍足利義昭の御内書もえた。

障害は繖山に城を構える六角父子である。

観音寺城のすぐふもとを中山道が通っており、京への道の首根っこを抑

六角氏式目　永禄十年（一五六七）、六角承禎（義賢）・義弼父子とその家臣の間で定められた戦国大名法。その内容は、所領の相論、刑事犯罪、債務関係、訴訟手続きなど国内統治の全般にわたる六十七ヶ条からなり、その後に承禎・義弼父子と二十名の家臣の間で、互いに法令の遵守を誓い合った起請《きしょう》文《もん》（誓約書）を取り交わしている。

観音寺山と石寺

えられている状態だ。信長は、まず、六角父子との交渉に入る。そして、入洛に協力したら「天下の所司代に申し付けらるべく御堅約候」という条件まで示す。しかし、承禎・義弼父子はこれを受け入れなかった。

織田氏は尾張守護代からの成り上がり者で、名門の佐々木六角氏とは格がちがう。その信長は、六角とはかねて敵対関係にあった浅井氏と同盟関係を結んだ上で、上洛に協力せよという。信長の実力を見くびっていたこともあろう。

承禎・義弼父子は、信長と対立する三好三人衆と手を結び、信長の上洛を実力で阻止する道を選んだ。面子と情報不足による戦略決定であった。

永禄十一年九月、四万とも六万ともいわれる尾張・美濃・伊勢・三河の織田軍が岐阜を出発した。観音寺城の承禎・義弼父子は、愛知川西岸の和田山や箕作《みつくり》山をはじめ各地の支城を固め、応戦の構えをとった。

九月十一日、信長は愛知川に野陣を布き、近辺に火を放った。観音寺城内の兵士たちからは、赤々と燃えるその火が、さも業火《ごうか》のように恐ろしく眺められたことだろう。

十二日申の刻（午後四時ごろ）、信長は、佐久間・木下・丹羽らの直参部隊をもって箕作山城を攻撃した。中山道を挟んで本城と向かい合う六角側の拠点である。だが、夜に入るころ城は早くも落ちた。これを聞き、も

桑実寺
白鳳六年（六九一）天智天皇の勅願によって創建され、西国薬師霊場第46番札所

う一つの拠点の和田山城も、戦わぬまま軍兵が退却した。

観音寺城内で評定がはじまった。三雲新左衛門らが六角承禎・義弼父子に「ひとまず落ちさせ賜ひ身を全うして時節を待ち、一度会稽の恥を雪がんと思召さば疾々我等が居城へ退せられ候へ」と進言した。要害堅固な観音寺城であったが、とうてい徹底抗戦の構えにはなかったのだ。

家臣の多くが、事前に信長に寝返っていたという。観音寺騒動以来の六角家の乱れを、信長が巧みに突いたのである。

『信長公記』には、落城の折のさまが、「君臣上下の分かちなく、上を下へと観音寺坂を下り立ちて、女子共は声を限りに悲しみあひて誰かれと呼ぶ声々、余りに分けても定かならねば……」と述べられている。信長は、翌朝無血入城、二十八日に京へ上った。

六角父子は甲賀に落ち延び、その後執拗にゲリラ戦を展開した。が、それまで。ついに再起することなく、ここに名門佐々木六角氏は滅亡した。

城跡へは、安土町石寺からの石段を登る。一汗、二汗と汗を流すと本堂前だ。天文元年（一五三二）から三年間、将軍義晴が六角定頼の庇護をえて仮幕府を設けていた桑実寺からも頃合のハイキング・コースである。東近江市五個荘川並町からの道もある。

再建された本堂と観音像（撮影　寿福滋）

観音正寺の本堂は、平成五年三月に出火・焼失したが、その後再建がすすめられ平成十六年五月に落慶法要が営まれた。その横を通り抜けると石垣の遺構に囲まれた本丸跡の広場である。春・秋には家族連れや若いグループなどが弁当を広げている。

本丸跡から南西に、平井丸・落合丸・池田丸へと散策する。これでも観音寺城の構えの一面を伺うことはできるが、実際に山中に入ってみると、雑木林や竹林に埋もれた数知れない石垣や石段に出会って、その壮大な城郭の縄張りには感嘆の声を上げないわけにゆかない。昭和四十四年、五年、滋賀県教育委員会によって行われた調査では山麓から山頂にかけて、六角氏の家臣団の屋敷跡十八ヶ所と五百八十におよぶ遺構が発見された。

このときの調査によれば、山上の郭から井戸や建物跡とあわせ多数の土器・陶磁器が発見されている。山麓の館で生活し戦時に背後の山城に立て籠もるのが一般的であった中世の城と異なり、観音寺城では山城部で日常的な生活が行われていたものと推定されている。

また、城郭建築に本格的に石垣が使用されるのは安土城築城以後とされているなかで、観音寺城は本丸部分だけでなく全山に石垣群が配置されていることも注目される。佐々木六角氏の領国支配の拠点として二百年以上の歴史

観音寺山ハイキングコース

をもつ観音寺城は、わが国の城郭史に特異な光芒をはなつ存在なのである。

昭和五十五年、城跡は国の史跡に指定された。

なお、佐々木氏ゆかりの地として、康安元年（一三六一）に六角氏頼が己の信仰上の師、寂室元光《じゃくしつげんこう》のため創建した永源寺（東近江市）や、近江源氏佐々木氏の氏神で全国佐々木氏の拠点となっている沙沙貴神社（安土町）なども、ぜひ訪ねてみたいところである。

安土町
西の湖
会勝寺
摠見寺跡
信長廟
安土城跡
安土山大手門跡
大手道
百々橋
仁王門
石段
北腰越
びわ湖よし笛ロード
（サイクリングロード）
能登川
JRびわ湖線
桜並木
近江風土記の丘
旧安土巡査駐在所
旧宮地家住宅
セミナリヨ跡の表示板
三重塔
セミナリヨ跡
安土駅からバスあり
安土城考古博物館
旧柳原学校校舎
サイクリングロードが並走
桑実寺
繖山《きぬがさ》（観
432m
急な石段
山門
観音寺跡
本丸跡
売店
湖見堂、尼家の間の小さなお堂に、薬師如来像がある
地下道をくぐって反対側へ
近江八幡
あづち
城郭資料館
瓢箪山古墳
胸突き八丁の急坂
浄厳院
沙沙貴神社
R8

安土山全景（安土城郭調査研究所提供）

信長、安土へ

安土山は、佐々木六角氏の繖山から北西に伸びた支脈である。

明治二十六年（一八九三）測図の陸地測量部地図をみると、安土山は琵琶湖内湖に半島状に突き出ている。さぞかし風光明媚の地であったことだろう。

地上六階七重の安土城天主閣がここに燦然と出現したのは、天正七年（一五七九）のことであった。

信長は、永禄十一年（一五六八）九月十二日、観音寺城を攻め落とすと、その月末、はやくも将軍義昭を伴い入京を果たした。

しかし、まもなく、彼は越前の朝倉義景・江北の浅井長政・甲斐の武田信玄・三次三人衆、さらに石山本願寺・一向一揆などの大包囲網と直面する。

そんな中で、元亀元年（一五七〇）六月には徳川氏とともに浅井・朝倉軍を姉川で破り、天正元年（一五七三）将軍義昭を追放、同三年、設楽原《しだらはら》で武田軍を撃破するなど、ようやく天下制覇にむけての歩みをすすめた。

岐阜から安土に居城を移す計画を信長がもったのは、築城宣言より数年以上も前のことらしい。

織田信長画像
（長興寺蔵　写真　安土城考古博物館提供）

元亀元年（一五七〇）、安土山山麓の常楽寺で相撲を興行。同二年、常楽寺に滞留し一向一揆の金森《かねがもり》城（守山市）を攻略。元亀三年、天正三年にも常楽寺で宿泊。

これら常楽寺と信長の関わりの記録をみると、観音寺城を落としたころから、すでに彼の心の中には天下号令の拠点として安土の地があったらしいことを推定させる。おそらく当時から、小規模ながら城作りの作業がはじめられていたのであろう。

戦略的に、安土は京を支配するうえで喉元にあり、当時の信長の勢力図の橋頭《きょうとう》堡《ほう》にあたる。琵琶湖を背後にした水運の利便さも見逃せない。新しい権威を創出しようとする信長にとって、安土はまさに絶好の土地であり、自由の天地であった。

天正四年（一五七六）正月、信長は「安土」の地名を定め、ここに天下布武の拠点を築くことを宣言した。

丹羽長秀を総普請奉行とし、尾張出身で室町幕府御大工の岡部又右衛門を大工棟梁として工事がすすめられた。

同年二月二十三日、信長は岐阜城から安土城本丸へ居を移した。

四月には、「尾・濃・勢・三越・若州・畿内の諸侍、奈良・堺の大工・

常楽寺港

諸職などを召し寄せられ」天主構築と城下の整備作業がはじめられた。

付近の繖山・長命寺山・長光寺山などから、築城のための大石が運ばれた。中には一万人近い人手で三日三晩もかかって運び上げられた蛇石という巨石があったと伝えられている。石が少し片側に傾いたため、百五十人以上が下敷きになったというが、これまでの調査ではそれらしい巨石は見つかっていない。

天正五年八月立柱式、同十一月棟上式。

天正七年(一五七九)、天主が完成、五月十一日、信長が転居した。当時のポルトガル人宣教師ルイス・フロイスは、安土城天主について「(城の中央に)天主とよぶ一種の塔があり、我らの塔よりも遙かに気品があり壮大な別種の建築である。この塔は七層から成り、内部・外部ともに驚くほど見事な建築技術により造営された」と自らの見聞を、その著『日本史』に記している。

安土城の威容

安土城とその天主および城下は、新しい都市づくり国づくりのシンボルであり、天下統一の政治の中核地となった。

信長は、安土山やそのふもとに武将たちの邸宅を構えさせた。また、城

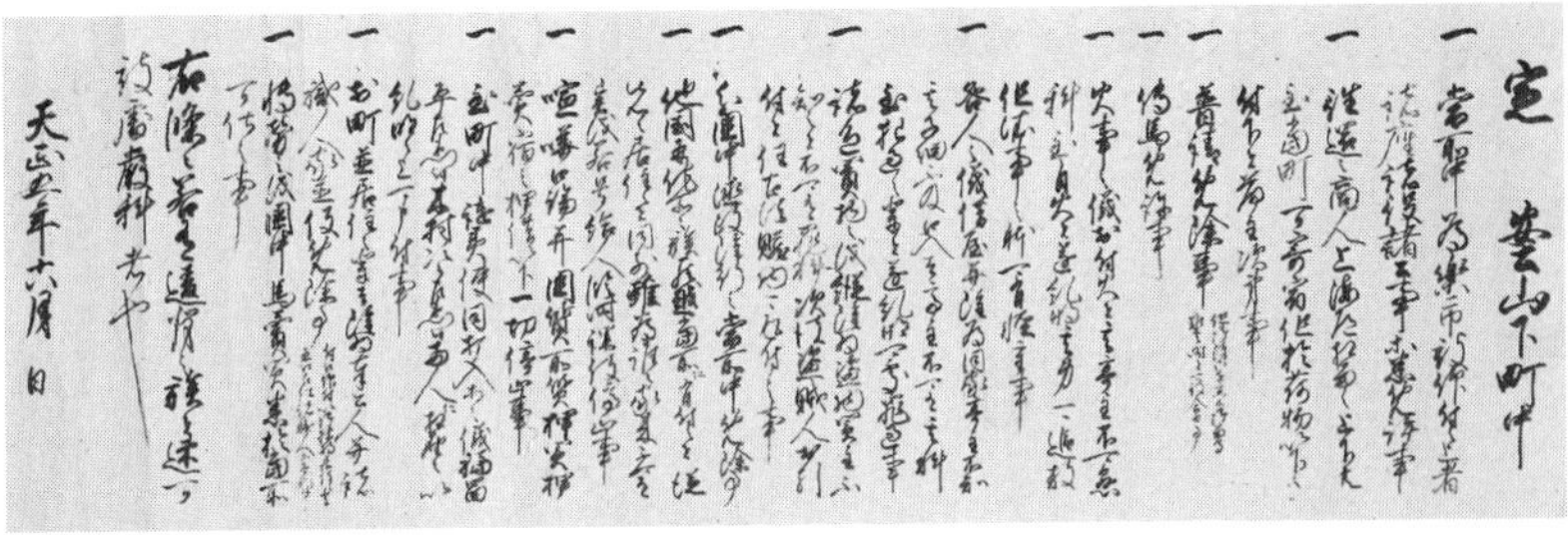
定　安土山下町中

天正五年六月　日

安土山下町中掟書（近江八幡市蔵）

下町への商工業者の集住を促すため、天正五年（一五七七）には安土山下町に十三ヶ条の掟書を下した。

掟の第一条で楽市楽座を規定し、第二条で中山道（上街道）の通行を禁止し城下の下街道の通行を命じた。往還する商人はすべて安土に寄宿すること、城下に住むものの普請役・伝馬役・徳政の免除や、新旧住民間の差別の廃止等々を規定した。

これらは、安土城下町を天下統治の中心地とするための、首都構想にもとづく政策であった。

安土城の南西には、わが国最初のセミナリヨ（神学校）が建設された。日本人聖職者を育成するためにオルガンチノ神父が信長に申し出、用地を受領したものであった。近年、「ダイウス」（ゼウス）の小字が残る土地をセミナリヨ跡と推定、公園がつくられた。

天主閣は、六階七重の塔であった。瓦は、金箔を押した軒瓦や赤黄色に焼き上げた唐風の瓦で葺かれた。天主閣の三階をのぞく各階は青や赤で彩色され、座敷に狩野永徳による障壁画が描かれていた。

地下一階（一重）から三階（四重）まで吹き抜けになっていて、中心に宝塔が安置されていたとも伝える。西欧の教会堂や議事堂のイメージ。三階

復元された安土城天主閣部分（©内藤昌）

（四重）にこれを見下ろす回縁と高欄ぎぼしの廊下がかかっていたという。

五階（六重）は正八角形をしており、内部は朱塗りで釈迦説法図などの仏画が、また、内陣の天井には天人がこの世に顕れる姿が描かれていた。六階（七重）は正方形で、外観は金箔で仕上げられ、内部は黒漆塗り、孔子や孔門十哲などの金碧障壁画で飾られた。

これら、天主内部の構造や装飾については、依拠する資料によって多少異なっているが、いずれにしろ豪華絢爛たるものである。城郭内には、築城工事と平行し摠見寺《そうけんじ》の造営がすすめられた。

各界の第一人者を招き、和様・唐様そして南蛮風などさまざまな技術を総合しての天主閣の造営。それは、天下布武を宣言した信長の思想と権威の象徴であった。在城中、信長は狩野永徳に天主をはじめ諸将の邸宅や城下町を詳細な屏風絵に描かせたという。

屏風絵は、信長からイエズス会の巡察師ヴァリニャーノに贈られローマ法王の手に届いた。以来、ヴァチカン宮殿に掲げられていたというが、いつのまにか行方不明となった。安土城に関する史・資料はいくつかあるが、まだまだ不明な箇所も多い。もし、「安土城屏風絵図」が見つかれば、安土城天主復元の貴重な資料となることだろう。

安土城考古博物館

安土城と向き合った繖山山麓には、安土城考古博物館・安土城郭調査研究所や町立の諸施設が建設されている。

そのうちの一つ、「信長の館」に安土城天主閣の五・六階部分が原寸大で復元され展示されている。平成四年（一九九二）、セビリア万博の日本館に出展されたものである。

華やかな朱の彩色と、眩い金色の輝き。そこに、信長がいた。

水清い琵琶湖の緑の安土山、そして燦然と輝く天主閣。そのさまを想像するとき、現代の私たちにも信長の天下統一の志が、全身にひしひしと伝わってくるのだ。

天主閣炎上

天正十年（一五八二）五月、備中高松で毛利氏とたたかっている秀吉への援軍として、信長は、明智光秀をはじめ細川・池田らの諸将に中国への出発を命じ、自らも安土をたって京に入った。

光秀は、居城の丹波亀山城へ戻って出発準備をととのえたが、中国へは向かわず京に入り、六月二日早暁、本能寺の信長を急襲した。

信長廟

このとき信長が従えていたのは、わずか数十人の近習のみ。自ら弓をとり応戦、弓弦が切れたので槍で戦ったが力尽き、ついに館に火を放ち自害して果てた。四十九歳であった。

光秀謀叛の動機は、怨恨説・権力欲説などいろいろある。

その日昼までに、本能寺の変は安土城に伝わった。はじめはただの流言とされていたが、やがて事実であることが分かり、城内・城下町は大騒ぎになった。

蒲生郡日野城主、蒲生賢秀が留守居役であった。「金銀財宝を運び出し、城に火をかけるべし」との意見もあったが、賢秀は「信長公心尽くしのものを灰にし、混乱に乗じて奪い取れば後々笑い者になる」と、そのままに日野の居城に退いた。

六月五日、明智光秀が安土城に入城、天主閣にあった財宝を部下に分け与えた。八日、彼は秀吉との対決のため、女婿の明智秀満に城を預け河内に向かった。光秀は十三日に天王山で秀吉と対決、翌十四日、敗退中を土民に襲われ落命した。

安土城を守っていた秀満は、この敗報により、十四日安土から坂本城に移った。ここで堀秀政の攻撃を受け、自らの城に火をかけ自害した。

六月十五日、安土城天主閣が炎上した。

安土山に残る摠見寺

信長築城後、わずか三年目のことである。『太閤記』などでは、秀満が城を退くとき放火したとしている。が、それには時間的な面での疑問点が残る。安土城下に火が放たれ、それが飛び火したとの説もあるが、近年の発掘結果で火災の跡が認められたのは、黒金《くろがね》門《もん》の内側、天主と本丸付近のみであった。だから、類焼説も成り立たない。

宣教師ルイス・フロイスは、信長の二男、信雄《のぶかつ》が火を放ったと記している。信雄は変後、伊勢から土山へ、そして明智秀満退却後の十四日、五日ころ安土城に入った。信雄が放火犯に擬せられている理由になっており、有力説だ。父が心血を注いだ城に、なぜ彼は放火をしたのか。フロイスは、それを信雄の暗愚のせいにしている。信雄の恐怖心にもとづく狼狽ぶりが原因であったというのである。

だが、ほかにも土民一揆が火をかけたとの推定もあり、安土城天主焼亡の真相は「歴史の謎」としかいいようがない。

信長まつりと城跡整備

信長が、京の本能寺で討ち死にした天正十年（一五八二）から四百年目に当たる昭和五十六年（一九八一）、安土城跡を中心に信長四百年祭が盛大に行われた。地元はもちろん、県内外から多数の人出があった。

四百年祭が終わってから、安土町商工会青年部や青年会議所のメンバーの中から、「信長を町づくりの〈てこ〉にしよう」との声が持ち上がった。四百年祭というただ一回の賑わいだけで終わらせるのは惜しいというのだ。

青年たちの間で何度も話し合いが持たれ、その熱意に町民をはじめ役場や企業も動きはじめた。こうして誕生したのが「フェスタ信長」である。現在は「あづち信長まつり」として六月第一日曜日に開催されている。見ものは武者行列。町の有力者扮する信長公を先頭に、秀吉・勝家・長政らの各武将、お市の方などがつづく。商工会あげての安土楽市や千人バーベキュー・野点茶会も呼び物。役場の職員は交通整理に出る程度という、正真正銘、民間主導の催しである。

いっぽう、安土城では滋賀県教育委員会により、平成元年度（一九八九）から二十年計画で史跡公園としての大がかりな調査・環境整備事業がすすめられてきた。その結果、多くの学術的な知見がえられ、また人々が歴史遺産に親しむための環境整備もすすめられた。

これまで、ほとんど判明していなかった直線で一八〇メートルもある大手

復元された安土城大手道

道が見事にその全容をあらわした。もし焼失していなかったならば、大手道の延長線上の山頂には天主閣がそそり立っていた。かつて、安土城に信長を訪れた武将たちはこの大手道を登りつつ、眩いばかりに輝く頭上の天主閣に圧倒されたにちがいない。これもまた、信長の「計算」であったのだろう。

天主閣に近い本丸御殿は、清涼殿を模してつくられている。信長は、安土城への天皇の行幸を構想していたのである。安土城はこのように一般的な「城」のもつ戦闘的機能だけでなく、天下布武を明確に意識して設計され築城された名城なのであった。

復元された大手道の石段の数ヶ所には、踏み石として石仏が使われている。これも、調査結果を忠実に再現したものである。

石仏が踏み石に使われていることから「排仏論者」としての信長像が浮かび上がりそうであるが、事実は工事を急いだ結果、手近な石材を無造作に使ったものと理解したほうがよさそうである。信長は安土城とあわせ摠見寺を築いているし、天主五、六階の障壁画には釈迦や孔子の像を描かせている。信長は、けっして単純な排仏主義者ではなかった。

大手道沿いの秀吉・家康たち家臣団のものと伝えられる屋敷跡や石塁も調査結果に忠実に復元され、要所には適切な解説のプレートが設けられて

天主台付近

いる。このような工夫からも、「学習しつつ憩う」「自然と文化財の一体感を創り出す」という、「特別史跡安土城跡環境整備構想」の目的の一端をうかがうことができる。

伊庭内湖からの搦手の調査も行われ、安土城の裏方を支えた台所道としての役割が確認されたが、ルート設置は行われていない。

なお、平成十七年度の発掘調査の結果、大手前の内堀の間に東西百メートル、南北四十四メートルの幅をもつ広場の存在が明らかになるとともに、内堀には橋台もしくは船着き場と推定される突出部が確認された。信長の築城構想を解明する手がかりとして、つよい感心が寄せられている。大手門は左右に虎口をもつ三門形式となっていたことも判明している。

毎年、発掘調査の成果をもとにした現地説明会が持たれており、安土城郭調査研究所内には「淡海の城」友の会も発足した。

安土駅南口の安土町城郭資料館をはじめ、安土宗論で有名な浄厳院やセミナリヨ跡を訪ねる人も多い。

（中島伸男）

藩窯「膳《ぜ》所《ぜ》焼」と「湖東焼」

■重厚な色彩と気品の膳所焼

膳所藩城主菅沼定芳は、茶人小堀遠州や本阿弥光悦らと親交が深く寛永六年（一六二九）に膳所新堀川（現在の相模川）左岸の湖岸近くに御用窯を築き、茶器を作らせたといわれている。寛永十一年（一六三四）上洛の途中の三代将軍家光は草津の矢橋港より膳所城までの船旅を楽しんだが、当代城主石川忠《ただ》総《ふさ》は、この時膳所焼の茶器で饗応をした。遠州の指導のもと膳所焼の名は忠総の時代に広まり、寛永十三年（一六三六）に家光が品川御殿で催した茶会で「御茶碗膳所焼」が用いられた。

膳所の土はロクロにかけやすく、薄く端正な焼き物ができるので、茶碗より茶入や水指が多く作られたが、光悦の手になる膳所光悦茶碗は精彩を放つ。光悦と遠州が好んだことで、隆盛を極めた窯も明治になると衰退したが、大正八年、岩崎建三氏が瓦ケ浜で復興し、現在も、長い伝統に支えられ遠州好みの詫びた中にも気品と安定感、華やかさをもつ膳所焼きが伝承されている。

〔膳所焼美術館〕
大津市中庄一―二二
☎０７７―５２３―１１１８
京阪電車瓦ケ浜駅下車すぐ

■繊細華麗な湖東焼

湖東焼の創始は、彦根城下の古着商絹屋半兵衛の発案であった。陶工でない彼は幾多の苦労ののち、釉薬に使用した物生（むし）山石と多賀町敏満寺土を発見。愛好家をしびれさす青味がかった風合いは物生山石の混入によって生まれた。

半兵衛の商売が軌道に乗りかけたころ、突然彦根藩から、湖東焼を藩窯とする通達がある。彦根藩十二代藩主直亮と家老小野田小一郎為典はともに道具の趣味に造詣が深かったので、絹屋の窯を一層拡張し、徹底的に優品の焼成をめざした。幸斎や鳴鳳は金襴手や錦手の華麗な絵付けの作品を作り、大胆にして精妙な花鳥の文様は大藩彦根にふさわしい焼物となった。十三代藩主直弼は、みがかれた素養をあますことなく生かし、一層幾多の良品を焼成した。しかし藩の財政は困窮し、蝦夷松前で大成した豪商藤野四郎兵衛にしても経営を軌道に乗せることが出来ず、直弼の死後藩窯湖東焼は終焉した。

その後、藩の御用の他に高宮や鳥居本の宿場で、自ら絵付けして商売をしていた絵師によって明治の初めまで旅人相手に焼き物が作られた。最近、若い作家によって湖東焼きの再興の機運が高まってきている。

井伊直弼自作をはじめとする湖東焼は、彦根城博物館で常設展示されている。

近江戦国の道の祭②

■すし切り祭り（下新川《しもにいかわ》神社）

この祭は俗に「すし切り祭り」の名で知られるが、神供の鮒鮨を当番の氏子の若者二名が、裃に威儀を改め、古式に従って調理して進ぜるからである。真魚《まな》箸《ばし》という鉄製の箸と包丁を両手に持ち、俎の上の鮒鮨を切るわけで、一般に真魚箸の神事とか、俎据《まなす》えの神事とか呼ばれる型である。祭は日を期して迎えた神に、かねて用意の供えものを捧げてもてなすと共に、神前に侍して神人共食の直会《なおらい》をすることにあったが、とくに神供に魚が重く見られたことを示すものといえよう。他に長刀踊りなどもあり、五月五日に行われる。

（JR守山駅からバス下新川神社下車すぐ）

■左義長《さぎちょう》まつり（日牟礼八幡宮）

三月中旬の土・日に行われる火祭。藁や杉の木などで高さ六mの左義長を作り、旧町内を回ってから境内で火をつけ燃やす。左義長の組立ては、その年の干支《えと》にちなんだものを形づくり、制作には町内ごとに技を競う。渡御の順序は、本籤を引いて決める。宵宮祭の昼すぎまでに境内に入り、打上げ花火の合図で町内を巡幸する。左義長を担ぐ若衆は、すべて紅白粉に赤の長襦袢の女装がならわし。翌日の大祭にも朝から巡幸。夜は打上げ花火を合図に社前で一斉に点火。豪華な火の祭典を繰りひろげる。

（JR近江八幡駅からバス大杉町下車すぐ）

大津城天守を移築した国宝彦根城の天守閣。小さいながらも優美な建築様式が高く評価されている。

関ヶ原合戦で徳川の四天王として大きな戦功をおさめた井伊直政は佐和山城主を拝命したが、落城で荒れた佐和山に代わり、金亀山に新しい城の建設を計画。慶長９年から20年の歳月をかけて天下普請で彦根城が完成した。彦根城の後ろが佐和山、その背後に中山道が走り、さらに奥には鈴鹿山脈が連なる。

第13代彦根藩主、開国を英断した井伊直弼が部屋住みの身分の時代をすごした埋木舎《うもれぎのや》。ここで心身の鍛錬に励んだという。中堀に面し、近くには登城道のいろは松が残る。

市制40周年を契機に募金運動が始まり秀吉の出世城「長浜城」が再興された。内部は長浜城歴史博物館として湖北一円の歴史文化を展示公開している。平成18年には第３代城主山内一豊が主人公の大河ドラマ「功名が辻」の放映にあわせて「北近江一豊・千代博覧会」を開催。

舟板塀が続き、ガス灯が灯る長浜市のまちなみは北国街道の面影が色濃く残る。

石田三成の生誕地長浜市石田町。秀吉との出会い「三献の茶」で知られる観音寺は横山を越えたところにあり、水を汲んだといわれる湧水が今も残る。

信長、秀吉、家康の庇護を受けた国友鉄砲の里では、多くの人材が育ち、これら先人を顕彰し、歴史と伝統を現代に活かした美しい里づくりが進められてきた。写真右は、天体望遠鏡で宇宙観測を行った国友一貫斎の屋敷。

元亀元年６月姉川河原では、浅井・朝倉軍と信長・家康軍、両軍あわせて５万人ちかい軍勢が激突。信長・家康の連合軍の圧倒的勝利に終わり、浅井は小谷城に逃げ込んだ。この時の戦いで姉川の水が鮮血で染まったといわれ、今も血原、血川の地名が残る。

京極氏の有力家臣であった浅井亮政の時代、大永５年（1525）頃に小谷城は築城され、標高459メートの山頂から南に伸びた尾根上を南北に城郭が連なった。二つの尾根の間の清水谷には居館や家臣の屋敷や寺院があったが、廃城後、多くが長浜に移転した。浅井家は３代、51年で滅亡したが、今もこの地を訪れる人が絶えない。

米原市春照、北国脇往還と長浜街道との分岐にある八幡神社の創祀は天智天皇７年とされ、姉川合戦の時には信長も家康も戦勝を祈願した。八幡神社に伝わる太鼓踊りは総勢200人を超す豪壮華麗な踊りで５年に一度秋祭りに奉納される。

木之本町大音《おおと》からリフトで山頂に登ると、戦火の中、すっかり疲労した兵士の像が目に入る。北には余呉湖を望むことができ、柴田勝家と秀吉が戦った賤ヶ岳の古戦場が広がる。山頂付近から余呉湖の北まで25を超す砦が築かれていた。今日まで語り継がれる「七本槍の勇者」がこの合戦で活躍した。

越前に退却する朝倉義景を追撃する織田軍が死闘を演じた倉坂峠付近。この戦いは刀根坂の合戦といわれ、当時栃ノ木峠越えの北国街道が未整備で、近江から越前にはこの刀根越えが利用されていた。

城下町彦根

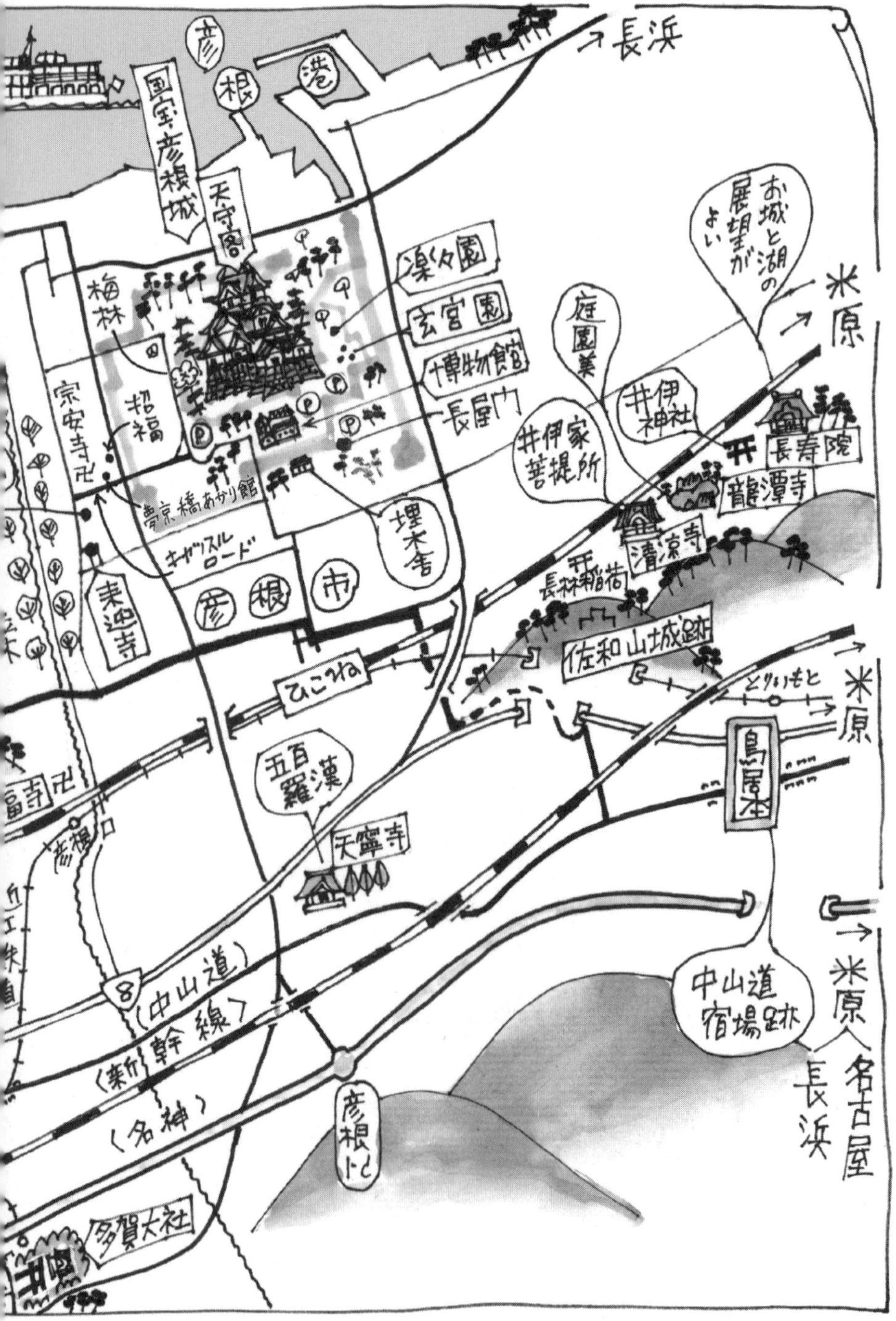
彦根港
長浜
国宝彦根城
天守閣
楽々園
玄宮園
博物館
長屋門
梅林
招福
宗安寺
夢京橋あかり館
キャッスルロード
彦根市
埋木舎
来迎寺
ひこね
庭園美
お城と湖の展望がよい
米原
井伊神社
井伊家菩提所
長寿院
龍潭寺
清凉寺
長林稲荷
佐和山城跡
とりいもと
米原
鳥居本
五百羅漢
天寧寺
中山道
新幹線
名神
彦根IC
中山道宿場跡
米原
名古屋
長浜
多賀大社

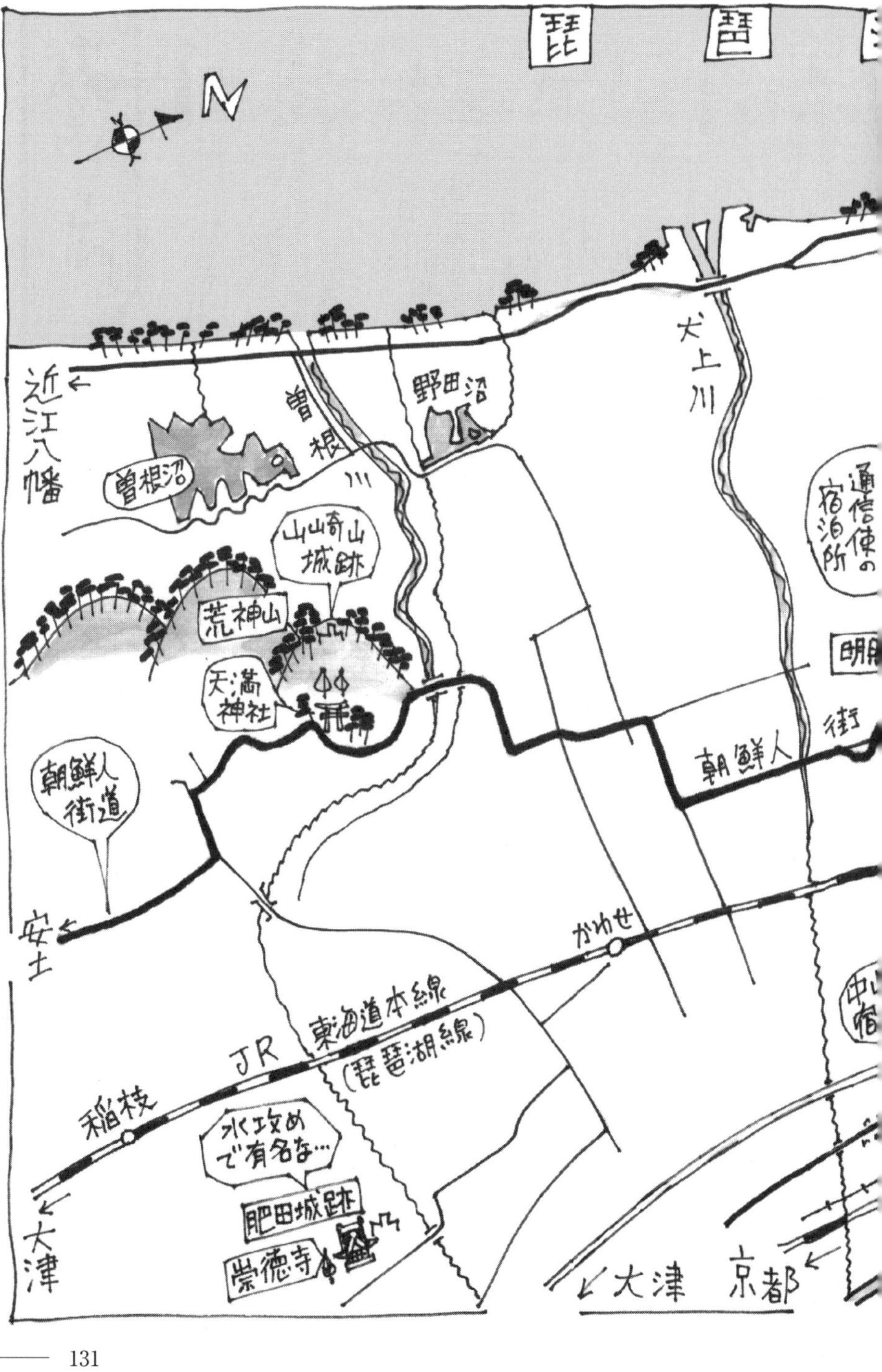
琵琶
N
近江八幡
曽根沼
曽根川
野田沼
犬上川
山崎山城跡
荒神山
天満神社
朝鮮人街道
安土
朝鮮人
通信使の宿泊所
かわせ
JR 東海道本線
(琵琶湖線)
稲枝
水攻めで有名な…
肥田城跡
崇徳寺
大津
大津 京都

みちしるべ

◆彦根城――井伊藩の名城

築城に20年を有したといわれる彦根城。国宝の天守閣をはじめ、庭園玄宮園や下屋敷楽々園が広がり、表御殿跡に彦根城博物館が復元された。ＪＲ彦根駅から徒歩15分。
☎０７４９―２２―２７４２

◆埋木舎

幕末の大老井伊直弼が部屋住みの時代に過ごした館で、直弼はここで、文武に励み、茶、書、歌、能などの芸域を深めた。小説『花の生涯』では埋木舎での、直弼とたか女や長野主膳との交流が描かれている。ＪＲ彦根駅から徒歩15分。
☎０７４９―２３―５２６８

◆楽々園

彦根藩主四代直興が下屋敷としてつくり、欅《けやき》御殿と呼ばれていた。枯山水の石組を持つ庭園がある。地震の間をはじめ多くの部屋はそれぞれ特徴がある。ＪＲ彦根駅から徒歩15分。
☎０７４９―２２―２７４２

◆玄宮園

楽々園に隣接した、地泉回遊式庭園で、玄宗皇帝の離宮にちなんで命名されたといわれる。広大な庭園は四季それぞれの美しさがあり、ここからの彦根城天守閣のながめは見事。秋には幽玄な「虫の音を聞く会」が開催される。ＪＲ彦根駅から徒歩15分。
☎０７４９―２３―０００１
（彦根観光協会）

◆彦根城博物館

彦根城表御殿跡に復元。井伊家に伝来する美術工芸品、古文書、甲冑、馬具などを展示。大名美術の美が満喫できる。御殿では、茶会や能楽の会が年間通じて開催され好評。ＪＲ彦根駅から徒歩15分。
☎０７４９―２２―６１００

◆夢京橋キャッスルロード

城下町彦根らしさを残そうと、中堀にかかる京橋から南に向かう通りを18㍍に拡幅。日本建築の町並みが再現された。周辺には宗安寺をはじめ、重文の木像阿弥陀如来坐像を有する来迎寺、名性寺、大信寺、江国寺がある。通りから入ると旧城下町の面影の残る屋敷に出会うことがある。ＪＲ彦根駅からバス本町下車すぐ。
☎０７４９―２３―０００１
（彦根観光協会）

◆夢京橋あかり館

「ろうそく」をテーマに、彦根の伝統工芸「和ろうそく」などさまざまな「あかり」を紹介。ろうそくグッズの販売やオリジナルキャンドル作りが楽しめるテーマ館。ＪＲ彦根駅からバス本町下車すぐ。火曜休館。
☎０７４９―２７―５５０１

◆宗安寺

京橋通りの浄土宗の寺。表門は赤門と呼ばれ佐和山城大手門を移築したといわれる。朝鮮通信使の宿泊所となっていたが、表門横の黒門は宿泊時に料理の材料が運び込まれたといわれる。境内には、豊臣家家臣の木村重成の首塚があり、ボタンの寺としても有名。ＪＲ彦根駅からバス本町下車徒歩３分。
☎０７４９―２２―０８０１

◆済福寺

彦根藩士で出家した大虚禅師が、井伊直次公に懇願して開いた。霊のお告げでヤナギの根元の地蔵尊をとりあげ、小野篁《たかむら》作といわれる井伊直中の息女の念持仏を胎内に収めた地蔵尊がある。ＪＲ彦根駅からバス久佐の辻下車徒歩10分。
☎０７４９―２２―３９７４

◆明照寺

第14代住職李由は芭蕉の門人で、芭蕉が何度か訪れている。境内には李由の句碑や芭蕉の笠塚がある。ＪＲ彦根駅からバス戸賀団地下車徒歩３分。
☎０７４９―２２―１７７６

◆龍潭寺

「だるま寺」と呼ばれ、江戸時代初期の庭園は、佐和山城の自然をうまくとり入れた名園のひとつ。石田三成、小堀遠州、井伊直弼ゆかりの茶室も残ってい

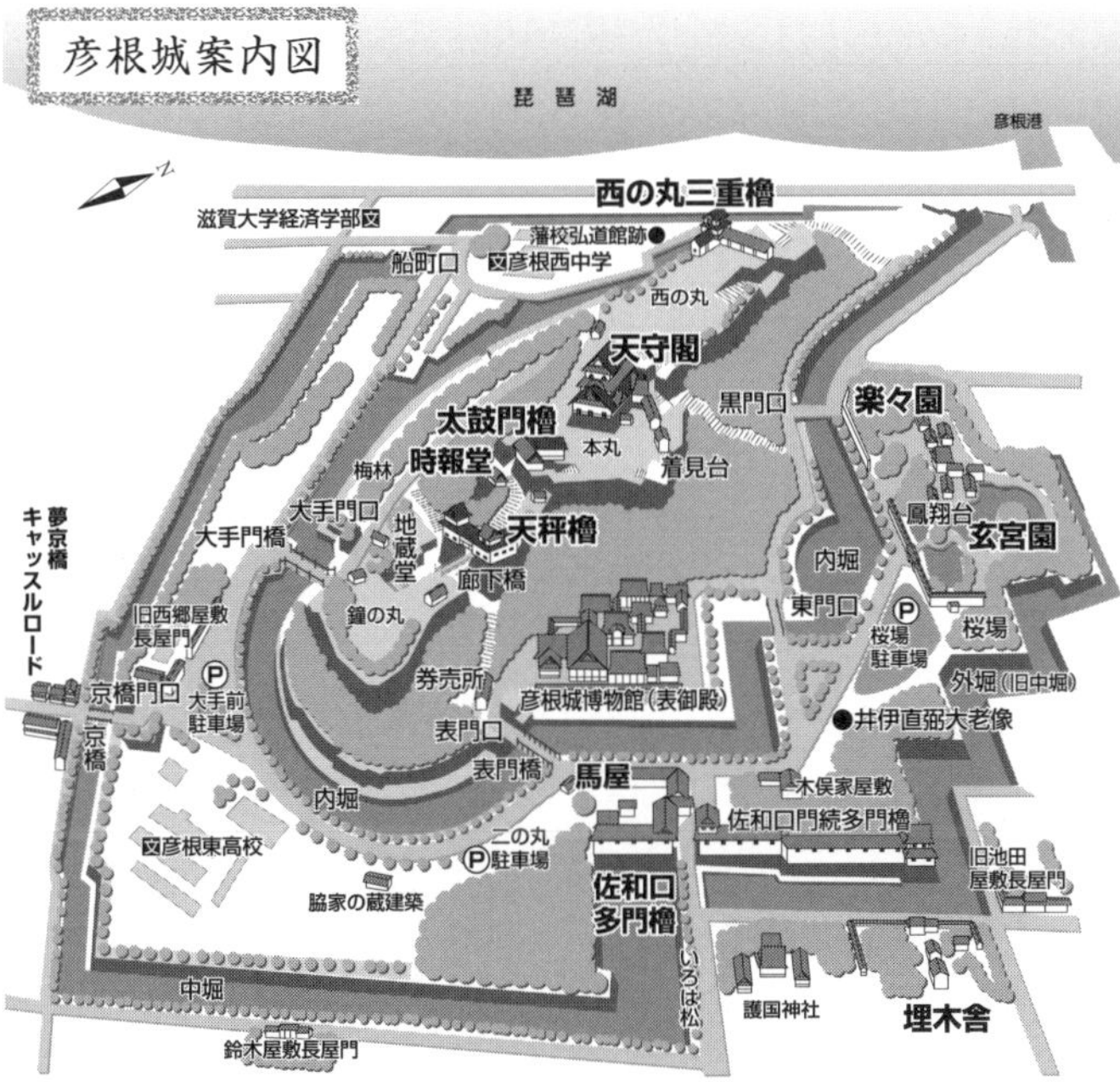

る。芭蕉十哲の一人森川許六の襖絵が見事である。JR彦根駅から徒歩25分。
☎0749―22―2777

◆清凉寺

井伊家の菩提所で歴代藩主の宝篋印塔がある。ここは、かつて石田三成の名家老といわれた島左近の屋敷跡で、関ヶ原合戦の戦没者供養も兼ねている。JR彦根駅から徒歩30分。
☎0749―22―2776

◆大洞弁財天（長寿院）

長寿院が正式名称。日光東照宮を建てた、甲良大工が彦根城の鬼門のこの地に建て、彦根日光と呼ばれる。石段を上りつめると、彦根城の天守閣を正面に見ることができる。眼下に広がる水田はかつては、松原内湖であった。JR彦根駅から徒歩30分。
☎0749―22―2617

◆天寧寺（五百羅漢）

様々な顔を見ることのできる五百羅漢は、京都の名士・駒井朝運が刻んだもの。直弼の供養塔や長野主膳の墓、たか女の碑がある。JR彦根駅からバス天寧寺口下車徒歩3分。
☎0749―22―5313

◆佐和山城跡

鎌倉初期、佐々木定綱の六男時綱の築城だといわれ、石田三成の城主の時大改修が行われ、三成に過ぎたる城といわれる堅固な城であったが、関ヶ原合戦後、佐和山城に入った井伊氏は徹底的に破壊したので、今はわずかに「千貫の井戸」が残るのみである。JR彦根駅から徒歩50分。
☎0749―23―0001
（彦根観光協会）

◆中山道鳥居本宿

佐和山城の大手門があったといわれる鳥居本町は、佐和山城の遺構をとどめ、中山道沿いには、旅人が重宝した合羽所の看板が残る。法界坊の釣鐘や、懐中薬・赤玉神教丸の有川家など旧街道の面影をとどめている。JR彦根駅から近江鉄道鳥居本駅下車すぐ。
☎0749―23―0001
（彦根観光協会）

彦根の城

国宝の天守を中心に据《す》えた彦根城、石田三成の居城であった佐和山城、彦根の城の双璧《そうへき》というとやはりこの二城ということになろう。ともに多くの日本人に名を知られた、いわば全国区の城だ。彦根の城を語るとき、この二城を抜きにすることはできないが、かつて彦根には実に六十七を数えるたくさんの城があった。

しかし、それらの城のほとんどは、私達が一般にイメージする城の姿とはいささか趣を異にしていた。城といったとき私達が脳裏に描くのは、幾層にも屋根を重ねてそびえる天守と、そのまわりを櫓《やぐら》や堀で防備した、あの城のイメージであろう。ところが、こうした城が築かれるようになるのは、戦国時代も終わりに近い安土城の築城が最初と考えられており、それ以降もおよそ拠点となる城に限られていた。大多数の城は、私達のイメージする「砦《とりで》」や「館《やかた》」に近いものであった。

ここでは、彦根城と佐和山城を紹介するまえに、決して大きくはないがコンパクトにまとまってそれなりに魅力的な地方区の城を二つ紹介するこ

肥田城跡を囲む土塁と堀

とから始めよう。

平野に佇《たたず》む肥田城

肥田城は肥田町にある。そう思って肥田町へやってきても、四方にはのどかな田園風景とありふれた肥田の町並みが広がるばかりで、一望しただけでは城跡らしいものを発見することができない。肥田城は、宇曽川左岸の平野部に築かれた典型的な平城《ひらじろ》なのである。現在、上新田・下新田と呼んでいるあたり、この一帯は江戸時代に開墾されて美田に生まれ変わっているが、ここに肥田城の中枢である城館が存在したと伝える。周辺には安《あ》孫子《びこ》屋敷・新助屋敷・丹波屋敷などの名前を冠した屋敷地や山王・門前・鹿島円城寺などの寺社にちなむ小字名がそこかしこに残っている。そして、これらの地を囲むように土塁と堀が巡っている。土塁と堀は南東辺でおよそ二百五十メートル、南西辺では五百メートルを超えよう。土塁は削られ、堀は埋められて、決して当時のままとは言えないが、それでも延々と伸びるそのあり様は壮観なものだ。城内を走る道路が土塁や堀と交差する箇所では、門の跡も確認できる。そこは、城外に通じる数少ない接点だったは

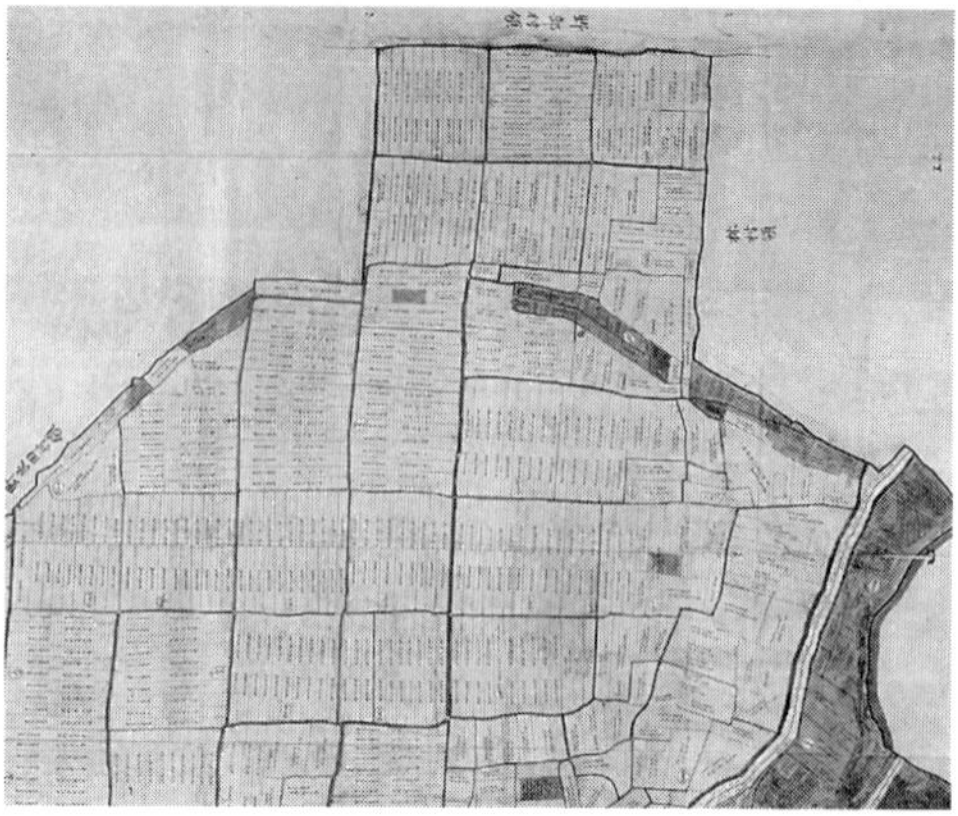

「肥田村地券取調総絵図」（崇徳寺蔵）に残る水攻めの堤跡

ずだ。こうして、何の変哲もなかった肥田の町が、周囲に土塁と堀を巡らせ、城内には家臣の屋敷や寺社を取り込んだ要害の城へとしだいに変貌していく。

ところで、この肥田城は誰によって築かれたのだろう。肥田の地は宇曽川をへだてて高野瀬《たかのせ》（犬上郡豊郷町）に接している。高野瀬には、高野瀬城を本拠とする在地の土豪《どごう》高野瀬氏がいたが、その高野瀬氏が隆重《たかしげ》の代に江南の盟主六角氏の命により築いたのが肥田城と伝える。このように高野瀬氏は古くから六角氏と行動を共にすることが多かったのであるが、高野瀬秀隆《ひでたか》の代になって江北の浅井賢政《かたまさ》（長政）と通じるようになる。怒った六角氏の惣領義賢《よしかた》（承禎）は、永禄二年（一九九五）肥田城に総攻撃を加える。ところが肥田城の守りは予想外に堅く、そこで一計を講じた義賢は、城の周囲五十八町におよぶ堤を築き、宇曽川・愛知川の水を堰入れるという挙にでた。世に言う「肥田城の水攻め」である。水かさは日に日に増して一帯が湖面のようなありさまとなり、城中も水浸しとなったようだが、結局、五月二十八日の洪水によって堤が崩れ、水攻めは失敗に終わったという。このとき築かれた堤は、その後、東海道線の線路敷に用いられるなどして多くを失っているが、明治六年（一八七三）に描かれた「肥田村地券取調総絵図」では堤跡が歴然と残っている。そして、弧状の堤のほぼ中央にはいつしか「廿八」の小字名が付けられ、堤が決壊した箇所と日付を今日まで伝えている。

水攻めの失敗により、一時は退却した六角義賢であるが、翌年の八月には再び軍を整えて肥田城攻撃を行っている。両軍は肥田城の西方、野良田表で相対したが、この戦いも浅井・高野瀬勢の勝利に帰し、肥田城をめぐる二度の攻防により、浅井氏が犬上・愛知二郡を手中に収めることになった。

その後、高野瀬秀隆は、浅井氏滅亡とともに織田信長の家臣柴田勝家に仕え、越前の一揆討伐に加わって子の隆景《たかかげ》とともに自害。肥田城を重視した信長は、高野瀬親子が自害して間もなく、近江平定に際して配下の蜂屋《はちや》頼隆《よりたか》を肥田城主に封じる。次いで天正十七年（一五八九）には、秀吉の家臣長谷川秀一《はせがわひでかず》が肥田城主となるが、彼が朝鮮出兵の途中に陣中で病死してからは肥田城に主なく、廃城となった。こうして歴戦を耐えた肥田城の雄姿も、人々の脳裏からしだいに薄れて今日に至っている。

高野瀬秀隆像（崇徳寺蔵）

発掘調査で発見された山崎山城の石垣

平野を見下ろす山崎山城

もう一つ注目したい城は山崎山城である。彦根市南部には水田地帯にどっしりと威容を誇る荒神山《こうじんやま》があるが、この荒神山に連なる独立丘上に築かれたのが山崎山城だ。平野に築かれた肥田城に対して、こちらは山上に築かれた典型的な山城である。標高およそ百五十メートル。東には彦根山・佐和山、西には観音寺山・安土山などが一望でき、眼下には宇曽川《うそがわ》が流れ琵琶湖も近い。まさしく水陸両方ににらみをきかせる要衝の地である。

この山崎山城は、最近、彦根市教育委員会により発掘調査が実施されて話題となった。調査では、尾根を断ち切るように大きな堀切《ほりぎり》を穿って外部を断ち、全長七十メートルにわたって石垣を築いた堅固な城跡が見つかった。堀切のすぐ内側は四方に方形の石垣が認められ、櫓台ないしは枡形虎口と考えられるが、それ以外は長い風雪のあいだに当時の姿を失って判然としない。

さて、規模はさして大きくはないが、要害の地に築かれたこの城の主はいったい誰だったのだろう。その城主と考えられるのは山崎氏。山崎氏は江南の六角氏、江北の京極氏に同じく、佐々木氏の庶流という。古く憲家《のりいえ》の頃には源頼朝に仕え、相模国（神奈川県）山崎に住んだというが、のち当地に移り代々六角氏の配下にあったと伝える。ところが片家《かたいえ》（賢家）の時、観音寺騒動に際して六角義治（義弼）に反発。折しも上洛をめざし近江に軍を進めてきた織田信長に加担して六角氏を攻め滅ぼす。以後、片家は信長の配下となり、信長の命により築いたのが、この山崎山城と考えられる。

天正十年（一五八二）四月、信長が甲斐国（山梨県）の武田氏を討って安土城へ凱旋した折には、山崎に茶屋を建てて一献進上している。そして同年六月に起きた本能寺の変。片家はこの時、安土城にいたようであるが、館に火を放って山崎山城へ逃げ帰っている。その後、彼は秀吉の配下に移り、この年の冬には摂津国三田（兵庫県）に新しく城を与えられることになる。こうして、山崎氏とともにあった山崎山城は廃城となり、今日ではただ石垣とわずかな遺構を目にするばかりである。

巡礼街道と朝鮮人街道

山崎山城の麓を安土山から彦根山・佐和山へと走る道、現在、県道大津能登川長浜線というずいぶん長い行政的な名前が付けられているこの道の多くが、かつての巡礼街道そして朝鮮人街道と重なっている。

彦根山に彦根城が築かれる以前、ここには観音の霊験所として都にまで良く知られた彦根寺があった。都の貴族から庶民にいたる老若男女がこぞって彦根寺に巡礼にやってきたため、いつしかこの道を巡礼街道と呼ぶようになった。山崎から日夏《ひなつ》・甘呂《かんろ》の集落を通り、彦根の中心市街を経て彦根山に達するほぼまっすぐな道である。一方、甘呂で右折して巡礼街道とはおよそ一キロメートルの距離を保ちながらその南を並行して進み、彦根市街南部から佐和山を経て鳥居本で中山道に合流する道、この道を朝鮮人街道と称している。江戸時代に幕府と唯一の正式な外交関係をもった朝鮮国李王家の使節が、「信を通ずる」ことを目的に往来した道だ。前日に守山に泊り、近江八幡で昼をとった一行は、山崎でしばし休息をとって彦根城下に旅装をとく。帰りはその逆。使節の人員は少ないときでも約三百名、多

正面の山崎山に向かって整然と松並木の続く巡礼街道・朝鮮人街道（昭和十五年撮影・山崎公民館蔵）

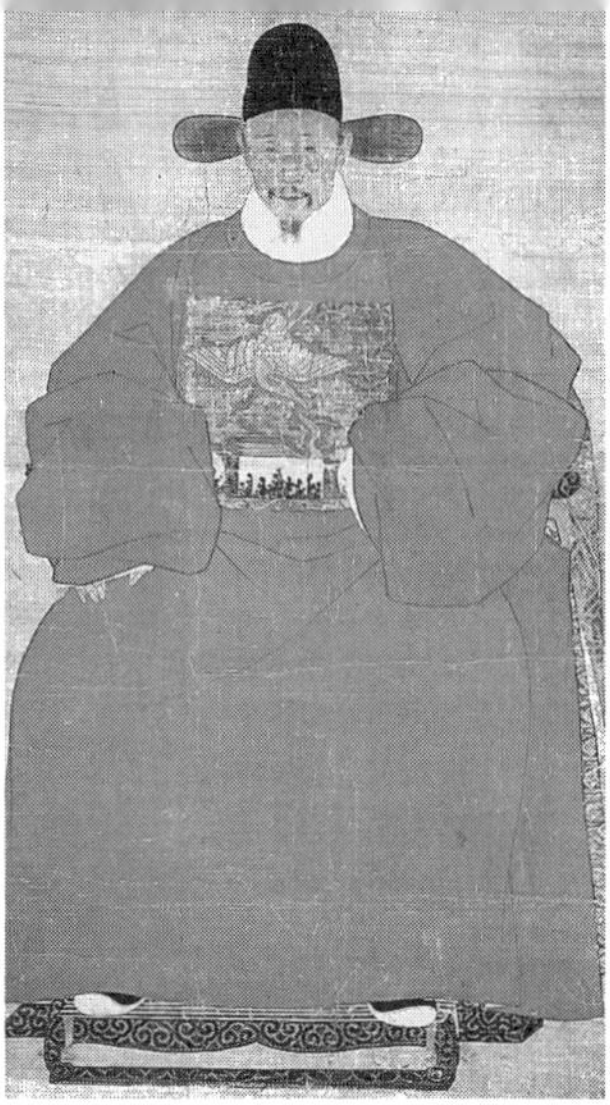

朝鮮通信使高官の像（宗安寺蔵）

いときには五百人以上に達したという。往来とともに、その先々であわただしい中にもさまざまに交流する姿が見受けられたことだろう。今も街道沿いの幾所かには交流の証が残っている。ところでこの道は、それ以前には、織田信長が天下統一をめざして駆けた道であり、関ヶ原合戦で勝利をおさめた徳川家康が京へ向かった道でもあった。

まさしく巡礼街道そして朝鮮人街道は、古代においては信仰の道であり、信長・家康の時代には戦国乱世に終止符を打つべく奔走した「天下布武」の道、それを実現した「吉例」の道であり、江戸時代には善隣友好の道であったのである。

佐和山城の面影

彦根城のすぐ北東に、ひときわ高くそびえる美しい台形の山。この一見、何の変哲もない山が、歴史上に再三登場した全国区の名城――佐和山城の今日の姿である。彦根城を築城する際に、佐和山城は破城《はじょう》を受けて全く城の面影をとどめていない。一般にそのように信じられている。確かに大規模な破城を受けてはいる。しかし、全く城の面影が残っていないかとい

大手より佐和山城を望む

うと決してそうではない。まずはそのことを確認することから始めよう。

ところで佐和山城の正面、つまり大手《おおて》はいずこにありや。佐和山を見上げてそれが城跡であることを知る人も、大手となると意外にその位置を明確に答えることのできる人は少ない。何となく現在の彦根の中心市街から見てこちらが大手と勘違いしている方も多かろう。しかし、佐和山城がその雄姿をとどめている頃、現在の中心市街一帯は、幾つかの集落が点在するほかは湿地と田畑が広がるだけのモノトーンな風景であった。佐和山城の大手は、それとは反対の鳥居本側に開いていたのである。鳥居本側には古代より東山道（中山道）が通っており、佐和山城がこの街道を見据えるように築かれていたのは、いわば当然のことである。

さて、その大手は、街道より約五百メートル佐和山側にある。現在の国道八号のすぐ横だ。今もそこには正面の佐和山を囲むように土塁がしっかりと巡り、中央には門跡が開いている。そして土塁のすぐ外には堀がこれまた明瞭に残っている。この堀は内堀。街道までの間に流れを刻む小野川が、かつては外堀として活用され、佐和山城の大手は二重の堀で画されていたことになる。

門跡を入ると佐和山の山裾に向かって一本の道（登城道）がまっすぐ伸

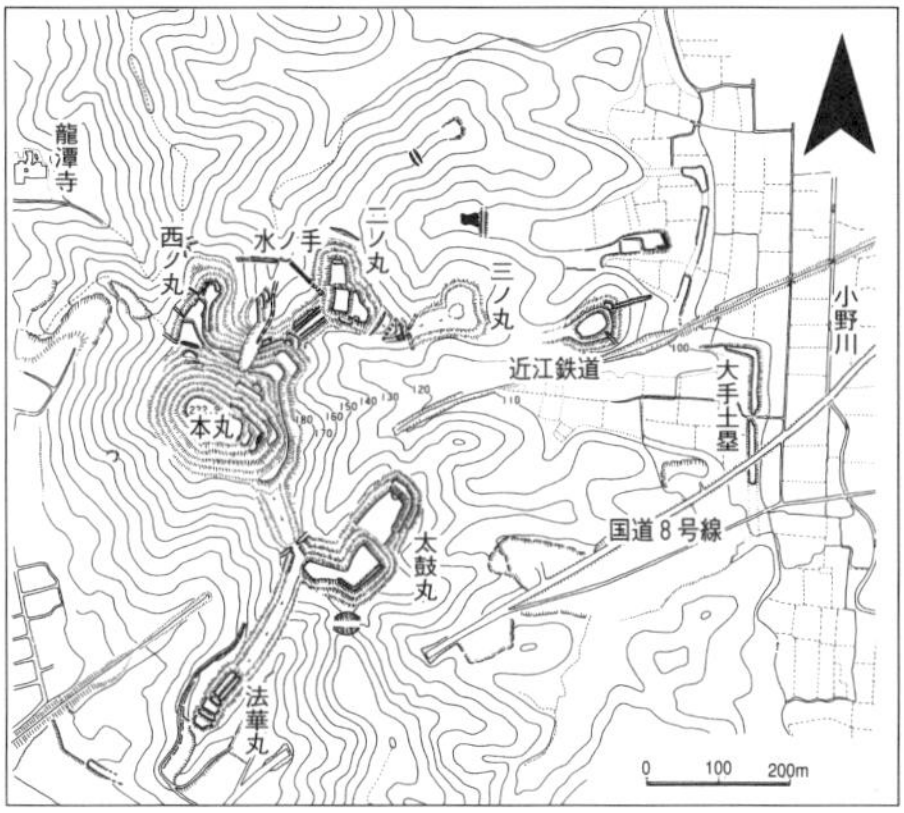

佐和山城跡遺構概要図（「滋賀県文化財教室シリーズ一二四号」より）

びている。かつてのメインストリート。今は両側にゆるやかな棚田が広がるばかりだが、往時には武家屋敷が立ち並び、武士達のいさましい掛け声が飛び交った所だ。我々もいざ登城。そう思って坂道を少し登り始めると、道はしだいに生い茂る樹木の中にかき消されてしまう。やむなく門跡までもどり、堀のすぐ外の田道――なんとこの道もかつては城下の本町筋だった――を堀づたいに北へ迂回して、通称龍潭寺《りょうたんじ》越え（かもう坂通往還）を登ることにする。かつて旅人や牛馬が往来した道だ。龍潭寺の前に広がっていた内湖に架かる百間橋《ひゃっけんばし》を経て、琵琶湖岸の松原へと通じていた。左手に牛馬に供した馬冷池を望みながら登っていくと、尾根の切り通しに到達する。ここを左に登っていけば城跡。少し進むと三段の平坦地が確認できる。塩や塩硝《えんしょう》（火薬）など戦いの必需品が保管されていた西の丸である。

坂を登りつめるといよいよ本丸。今は広大な平坦地だが、ここにかつては五重の天守がそびえていたという。実に見晴らしがいい。西方には彦根山はおろか遠く安土山も望める。北方は琵琶湖越しに長浜を経て小谷山が一望できる。中山道を見下ろすと、眼下に佐和山の尾根がまるで両手を突き出すように延びている。左手には二の丸・三の丸、右手には太鼓丸そして法華丸が連なり、両手の間に抱きかかえられるようにあるのが先の大手

松原内湖に架かる百間橋の古写真。遠くに望む山が佐和山。（彦根市立図書館蔵）

である。理想的な城郭構成だ。一息ついたところで太鼓丸側へ少し下がると、腰曲輪《こしくるわ》の一角に二段の石段がひそんでいる。破城をかろうじてまぬがれた貴重品である。もう少し行くと千貫井。こんな高い所に井戸が、まさしく千貫にも替えがたい代物だ。

このように破城を受けたとされる佐和山城も、つぶさに見ていけばさまざまな発見がある。今後、新たな発見も十分考えられよう。ところで、こうした遺構とは別の資料の発見もある。絵図の発見である。彦根藩主井伊家には膨大な資料が残っているが、その中から佐和山を描いた三枚の絵図が発見された。内一枚には文政十一年（一八二八）の作成年が記されるが、他の二枚に年号は見当らない。しかし、ともに江戸時代の作と考えられるもの。三枚の絵図には佐和山城にまつわるさまざまなことが書き込まれている。例えば本丸の腰曲輪あたりには名勝「烏帽子岩《えぼし》」と「七ツ岩」。丸跡も今日想定している数よりはるかに多く、また広範囲に分散している。まさに佐和山は全山要塞の感がある。そして、要所にはいろんなコメントの記載。本丸は東西五十七間・南北二十一間であったこと、二の丸は東西四十三間・南北十九間で三成時代には兄の正澄《まさずみ》が詰めていたこと、三の丸は東西二十一間・南北十九間で三成時代には勇猛な家臣として知られた島《しま》

井伊家に眠っていた佐和山城絵図（彦根城博物館蔵）

左近《さこん》が居たことなど。江戸時代、佐和山城はずいぶん良く知られていたんだ、そんな気持ちにすらなる。

佐和山築城

佐和山城の築城はいつ。なかなかむずかしい質問だ。古い文献では、鎌倉時代の初期、佐々木定綱の六男六郎時綱は自ら佐保《さほ》と号し、佐和山付近に館を構えたのが始まりと伝えている。この頃、山名・城名を佐保山あるいは沢山とも呼んでいた。ただ、時綱が築いたのは館であった、その位置も佐和山の麓であった可能性が高い。

その後、佐々木氏が江南の六角氏と江北の京極氏に分かれ、やがて京極氏の被官から勢力を伸ばした浅井氏を加えた三者が、権謀術数を重ねながら互いに相争うようになると、これらの勢力の境に位置する佐和山は攻略の目標となり、在地の土豪を巻き込んだ攻防戦が繰り返された。この間に、佐和山には要害の地として城が築かれ、しだいに堅固なものになっていったと考えられる。

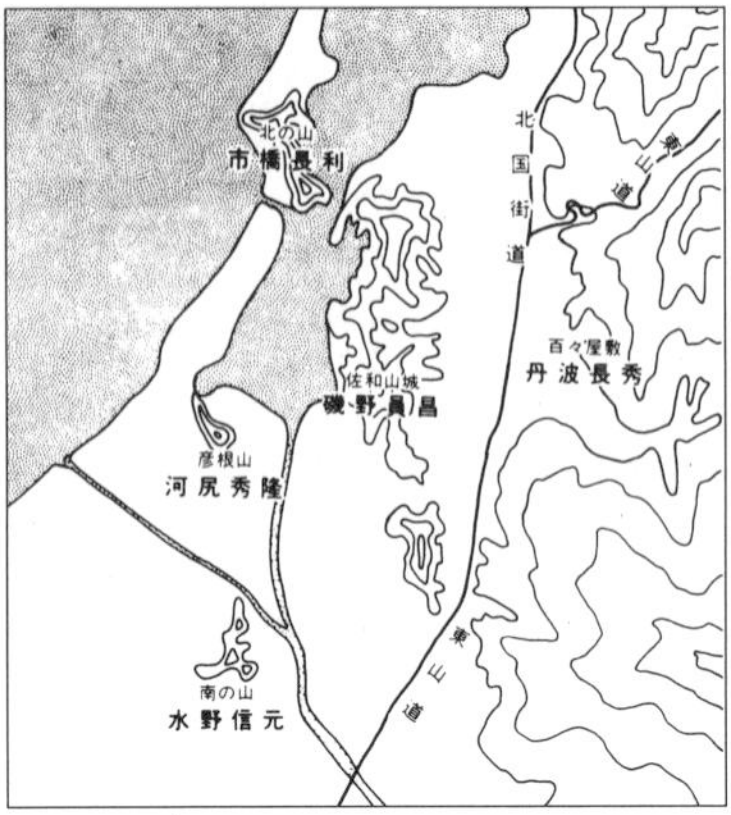

元亀元年の佐和山合戦図（「佐和山城とその時代」より）

佐和山合戦

この争いに新しく加わり、そして結論を下したのが織田信長である。尾張（愛知県）の信長が美濃（岐阜県）の斎藤竜興《たつおき》を討って稲葉山城に入り、岐阜城と改めたのは永禄十年（一五六七）のこと。さっそく信長は足利義《よし》昭《あき》を擁して上洛するための準備を開始する。彼は、まず浅井長政と手を結び、妹お市を長政の妻とした。そして、翌永禄十一年には早くも佐和山城へ入城する。当時、佐和山城は長政の勢力下にあり、配下の磯野《いその》員昌《かずまさ》が城代となっていた。信長は佐和山城から江南の六角義賢に使者を送って協力を要請。義賢がこれを拒むや兵を進めて観音寺城を攻略、義賢らは甲賀へ敗走し再び観音寺城に復することはなかった。こうして、いともたやすく近江を制圧したかにみえた信長であるが、その反動はまもなくやってきた。同盟関係にあった長政が、越前（福井県）の朝倉義景《あさくらよしかげ》と手を組み突如として反旗をひるがえしたのである。元亀《げんき》元年（一五七〇）、両勢力は姉川で相対した。姉川の合戦である。激戦九時間におよんだというこの戦いは、信長方の勝利に帰す。敗れた長政方は、北の小谷城、南の佐和山城に分か

佐和山合戦図絵馬（西明寺蔵）
元禄十五年に諸願成就・皆令満足を祈願して近隣および西明寺の有志が奉納したもの。左下の天守の形状は江戸期のもの

れて逃げ込み、再起を計る。

信長は、横山城（長浜市）に木下秀吉を配して北の小谷城に備えるとともに、南の佐和山城に対しては、東の百々《どど》屋敷（鳥居本）に丹羽長秀《にわながひで》、北の山（磯山《いそやま》または物生山《むしやま》）に市橋長利、南の山（平田山または里根山）に水野信元、そして彦根山に河尻秀隆をそれぞれ布陣させて動きを封じ込める方策を講じている。これが世に言う「元亀元年の佐和山合戦」。この時、佐和山に籠城《ろうじょう》したのは、ながく長政より佐和山城を預かってきた磯野員昌を中心に、坂田郡内の土豪今井氏、嶋氏、河口氏などであった。彼らは籠城に際して七ヶ条の定書を交わして家中の結束を固め、約八ヶ月間にわたって奮戦する。長期におよんだ籠城で城中の食料・武器ともにつきはて、長政への支援要請も員昌に逆心ありとして受け入れられず、なす術を失った員昌はついに信長に降伏、佐和山城を開け渡した。佐和山城には信長の家臣丹羽長秀が入った。

信長・秀吉と佐和山城

これから数年間、信長は近江の制圧に力を注ぐ。元亀二年九月（一五七

佐和山山頂本丸跡

一）、近江から京への道を確保するため、比叡山を攻めてこれを焼き討ちする。翌天正元年八月には小谷城を攻め、宿願であった浅井久政・長政父子を自決に追い込んでいる。こうして、初めて近江に軍馬を進めてから五年余の歳月をかけて、ようやく信長は近江の実質的な制圧に成功したのである。北の横山城、東の佐和山城、南の坂本城が近江の街道をしっかりと見据えていた。

もっとも、信長が制圧したのはこうした陸路だけのことではない。元亀四年（一五七三）の五月、信長は、犬上山中の材木を佐和山城の山麓の松原に運ばせて、大船の建造を開始している。その大船は『信長公記』によれば、「船の長さ三十間、横七間、櫓《ろ》を百挺立て」た巨船であったという。この大船は、その後、大軍を一気に運ぶ手段として大きな威力を発揮することになった。こうして信長は、陸路に加えて琵琶湖の水路も確保し、それを有効に利用したのである。その上で築かれたのが安土城。築城の総奉行には佐和山城主丹羽長秀が当たった。それは、新しい権力者の出現にふさわしい壮大な城であった。

しかし、信長の権勢もそう長くは続かなかった。天正十年（一五八二）、信長は本能寺にあえない最後をとげる。信長の死後、織田氏に信雄・信孝

堀尾吉晴像（春光院蔵）

の跡目争いが生じ、これに諸将の思惑がからんで、清洲会議では秀吉と柴田勝家とが激しく対立した。この対立は、天正十一年四月、賤《しず》ヶ岳《たけ》の合戦となって爆発。この戦いで勝利を得た秀吉は、いよいよ天下人としての道を歩み始めることになる。

この頃、佐和山城はどうであろう。本能寺の変では、それに乗じて若狭（福井県）の武田元明《げんめい》が佐和山城を攻め落とし、明智光秀によって荒木山城守が一時入城したことがあったが、清洲会議の後、秀吉の将堀秀政《ほりひでまさ》が城主となる。次いでその三年後には堀尾吉晴《ほりおよしはる》が。ともに秀吉配下の有力な武将たちであった。二人は、佐和山城という軍事拠点を守るとともに、天下人をめざす秀吉に従って各地を転戦した。

三成と佐和山城

石田三成は、永禄三年（一五六〇）に近江坂田郡石田村（長浜市石田町）に生まれた。石田家は代々当地の土豪であった。三成が、当時長浜城主であった秀吉の目にとまるのは、いまだ十代の少年であった。秀吉の近侍となった三成は、その後、持てる機敏な才能によって秀吉の信任を集め、天

石田正継画像（寿聖院蔵）

正十三年（一五八五）に秀吉が関白の座に着くや五奉行の一人に名を連ね、やがて五奉行の中でも随一の実力者になっていく。この間、天下人をめざす秀吉の命に応じて、九州の島津、小田原の北条、奥羽の伊達、さらに朝鮮半島へと兵を進めている。

三成が佐和山城に入るのは天正十九年（一五九一）、三成三十二歳のこと。その後、文禄四年（一五九五）には、豊臣秀次事件を契機に湖北四郡十九万四千石を与えられ、四郡から夫役を徴発して城の修築に当たらせている。かくして佐和山城は、本丸を中心に、その周囲に西の丸・二の丸・三の丸・太鼓丸・法華丸などの楼閣がそびえ、偉容を眼下に示すことになった。

一方で三成は、十三条あるいは九条からなる掟を出して領内の統治にも細やかな配慮を示している。ただ、彼には天下人秀吉の下で五奉行随一の実力者としての政務がひかえていた。したがって、その多くを大坂あるいは伏見で過ごさなければならない。このような三成に代わって領内の日常的な統治を行ったのは、父正継《まさつぐ》であった。

慶長三年（一五九八）五月頃から秀吉は病に犯されはじめ、日に日に衰弱が加わった。死期を悟った秀吉は、幼い後継者秀頼《ひでより》の将来に大きな不安

佐和山城に残る石垣

を抱き、三成たちに再三にわたって誓書を書かせることで辛うじて心の安《あん》寧《ねい》を求めていたが、その年の八月十六日、ついに帰らぬ人となった。秀吉の死後、実際的な政局は、徳川家康と秀頼の補佐役であった前田利家両者の勢力の均衡の上にようやく平静を保っていたが、利家は、秀吉が亡くなって一年もたたない間にこの世を去ってしまう。家康の比重がしだいに増す一方で、利家とともにあった三成の地位は劣勢をまぬがれなかった。この時、そのことを決定づける事件がおこった。加藤清正らによる三成襲撃事件である。その背後には、朝鮮出兵の際の、三成ら文人派に対する清正ら武人派の根強い対立があった。襲撃を事前に知った三成は、かろうじて難を逃れるが、その後、家康より一時佐和山城に引退するよう勧告を受け、三成もやむなくこれを了承する。こうして三成は、政治の第一線から身を引き、佐和山城で不本意な生活を強いられることになった。

関ヶ原合戦と佐和山落城

前田利家が逝去し、三成が佐和山城へ引退したあと、牽制《けんせい》する勢力のいなくなった家康は、しだいに野心をあらわにしていく。家康は、血判まで

石田三成画像（龍潭寺蔵）

押したかつての誓書を忘れ去ったかのごとく、誓書に反した行動をとるようになり、やがては豊臣氏の家臣をして漸次家康に忠誠を誓わしめるように仕向けていった。そして、家康の意のままに動こうとしない上杉景勝《かげかつ》に対しては、これを征伐するために兵を会津に進めることになった。

佐和山城において、家康のこうした一連の行為を苦々しい思いで聞き、家康を討つべき機会を虎視眈々《こしたんたん》と窺《うかが》っていた三成は、家康の会津攻めを彼を討つ好機ととらえた。三成は、会津の上杉景勝と密に連絡をとって連携を計りながら、佐和山城へ越前敦賀の大谷吉継・伊予（愛媛県）の安国寺《あんこくじ》恵瓊《えけい》を迎えて、家康討伐の計画を打ち明けて謀議した。その結果、挙兵の総帥に毛利輝元を推し、長束正家《なつかまさいえ》・増田長盛《ましたながもり》・前田玄以の三奉行をもって家康の罪状十三ヶ条を数え上げ、これを家康に送るとともに諸大名にも送付して挙兵への参加を求めた。こうした誘いに応じ、西国を中心とする多くの諸侯が大坂に集結して西軍を構成した。西軍は関西における家康軍（東軍）の拠点であった伏見城と丹後（京都府）の田辺城を攻略、大坂や佐和山に若干の留守居を置いたうえで、つづいて伊勢・美濃・北国の三方面に分けて尾張へ進撃した。美濃へ向かった三成たちはほどなく大垣城へ入る。

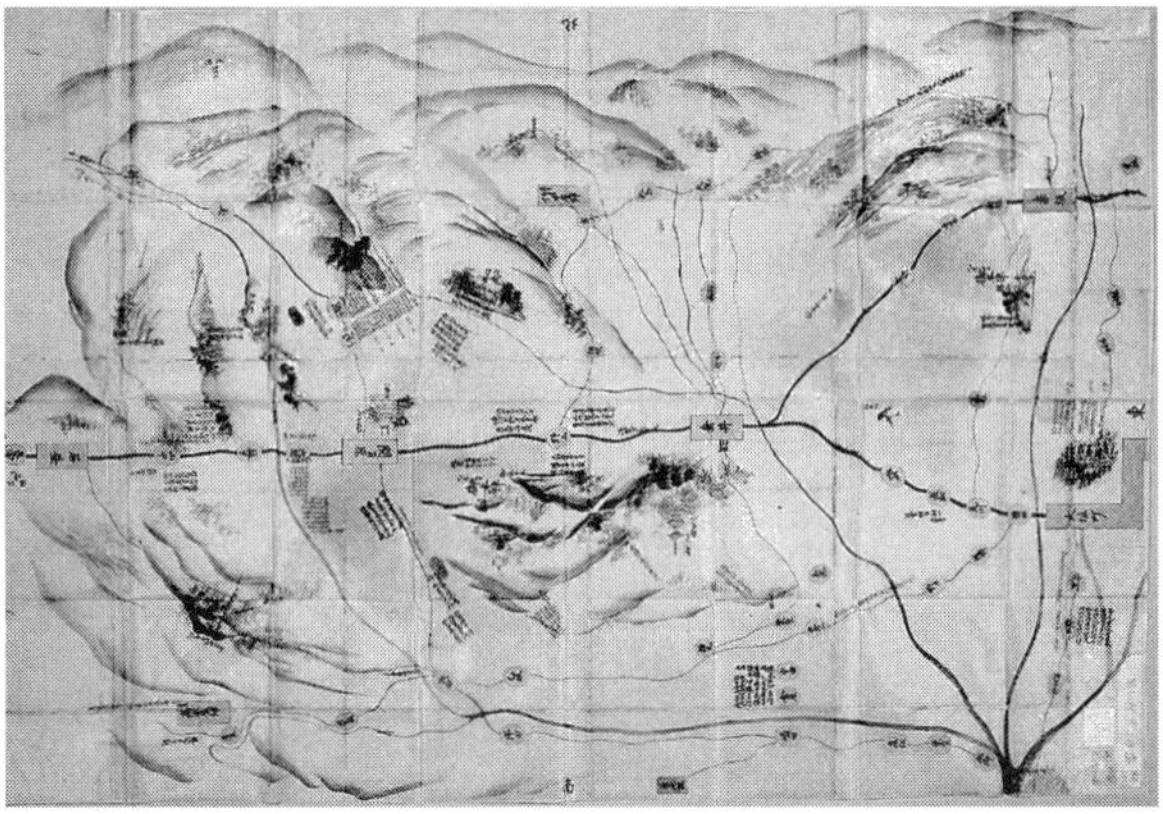

関ヶ原陣図（彦根城博物館蔵）

一方、関東の地で三成らの挙兵を知った家康は、自らは江戸に残って諸将を西上させる。清洲城（愛知県）に終結して軍議を開いた東軍は岐阜城などを攻略、大垣城をめざして赤坂に至り、ここで本営を設けて家康の到来を待つ。家康が江戸を発ち、赤坂に着いたのは九月十四日のこと。家康は、三成らの立てこもった大垣城を攻めることの難を避け、一隊を留めて大垣城に備え、本隊は佐和山城を落として大坂に進撃する作戦をとった。この動きを察知した三成は、東軍の佐和山進撃を食い止めるため、大垣城を出て関ヶ原で決戦を挑む決意を固めた。夜陰に乗じて順次城をでた西軍の大隊は、折からの大雨の中を関ヶ原に向かった。この報告はさっそく家康のもとに届けられた。家康は全軍に対し、中山道を関ヶ原へ向けて進撃するよう命じた。かくして、天下分け目の大戦は、関ヶ原を舞台に決行されることになった。

　関ヶ原は濃尾平野の西北端に位置し、北に伊吹山に連なる笹尾《ささお》山、西南に松尾山、東南に南宮山《なんぐうざん》があり、これらの間を縫うように中山道・北国脇往還の交わる交通の要衝である。西軍は、三成の本営を笹尾山に設け、これを最左翼として北国街道・中山道をまたぎ、松尾山から南宮山まで延びた半月形の陣形を取って東軍を迎え撃つ包囲態勢を固めた。その数、十万

関ヶ原合戦図屏風（彦根城博物館蔵）

八千人余人。一方の東軍は、家康の本営を桃配山《ももくばりやま》に置き、中山道を挟んで東西に直線的に布陣した。東軍の総数七万五千余人。両軍は相伯仲した勢力で対峙した。

いよいよ九月十五日の朝を迎えた。夜来の雨はようやくあがったが、いまだ霧が深く立ちこめて行動が起こせない。八時近くになり霧が薄くなりだした頃、井伊直政・松平忠吉の軍が宇喜多秀家の陣に対してまず戦端を開いた。すかさず双方の各陣営から兵が動きだし、両軍入り乱れての一大会戦が展開された。それは昼近くになっても一進一退が繰り返されて、勝敗の色は容易に決しそうに見えなかった。この間、三成は烽火《のろし》をあげさせて松尾山・南宮山の諸隊に出撃を促しているが、いずれも応じる気配がない。松尾山には小早川秀秋、南宮山には吉川広家らが陣を構えていたが、両者とも実は東軍に内応していたのである。ようやく動いた秀秋の軍勢は、山を下り西軍に向かって突入した。一万三千の兵を擁する秀秋の裏切りは、西軍に致命的な打撃を与えることになった。

午後二時をすぎる頃、笹尾山一帯の西軍はついに潰乱《かいらん》状態に陥り、三成は西北の山間に逃走した。南宮山方面に陣した吉川らの軍勢は、彼が内応し動こうとしないため、後方に陣した毛利秀元・安国寺恵瓊・長束正家・

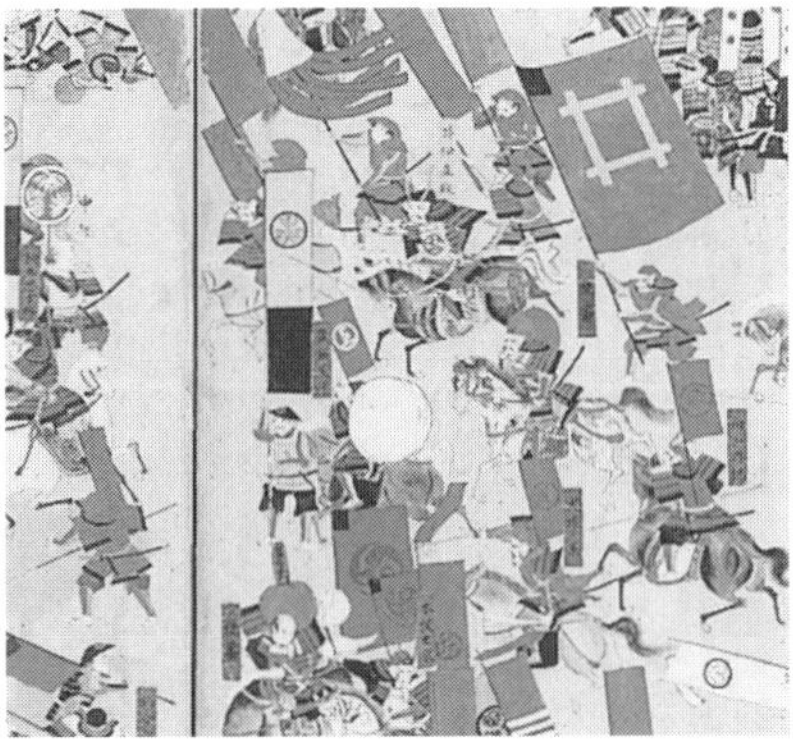

関ヶ原合戦図屏風　部分（彦根城博物館蔵）

井伊の赤備《あかぞな》え　関ヶ原合戦をはじめとする緒戦において勇猛な働きをした井伊軍団は、藩主以下家臣にいたるまで朱色の具足を着用したため「井伊の赤備え」と呼ばれて恐れられた。家康が甲州武田の遺臣を直政に配属させたとき、武田家一の家老山縣昌景《やまがたまさかげ》の赤備えにあやかるよう命じたのがはじまりという。

長曾我部盛親の諸将も動くに動けず、そのうち西軍敗走の報が伝わり一度も戦わずに退去することになった。こうして天下分け目と称された関ヶ原の合戦は完全に東軍の勝利に帰した。

合戦の後、家康に謁した小早川秀秋は、これまでの非礼を詫び、先鋒として佐和山城を攻撃せんことを請う。そして翌日、秀秋は井伊直政・田中吉政らとともに佐和山に向かって出発、遅れて家康も近江に入り佐和山の南の正法寺《しょうぼうじ》山に本隊を置いた。このとき佐和山城には三成の父正継を主将として兄の正澄ら二千八百余人が詰めており、それに対して包囲する側の兵は約一万五千人であったという。

関ヶ原の合戦より遅れること二日の十七日、小早川らの一隊は大手から、井伊・田中らは搦手《からめて》から、それぞれ攻撃を加えた。まず太鼓丸が落ちた。しかし、その後の守備は固く、執拗な攻撃によく耐えていた。この間に、家康は、城中のかつての家臣を呼び出し、佐和山開城の説得工作を計った。家康の使者から関ヶ原合戦の模様を聞き、三成敗走の事情を知った正継・正澄らも、もやは籠城の無益を悟り、城の明け渡しを申し出た。ところが、このことを知らない小早川や井伊・田中は、大手と搦手の双方からしだいに押し寄せ、もはやこれまでと覚悟した正継・正澄ら一族はことごとく自刃して果てた。塩硝蔵には火が放たれ、それは本丸に移って天守もことごとく灰燼《かいじん》に帰したという。この時、逃げ惑う婦女の多くが東方の崖から身を投じたため、後世、この崖を女郎ヶ谷と呼ぶようになったという。こうして佐和山城は落城し、その城主三成もついに伊香郡古橋村で捕われて京都六条河原で処刑された。

落城した佐和山城は、家康の命により、家臣の内藤信正・石川康通・西郷正員によって管理され、彦坂光景が代官として佐和山城下の治安にあたった。そして、翌慶長六年（一六〇一）の二月、井伊直政が新しい佐和山城主として赴任する。直政は、佐和山城主として一年を経過した翌年の二月、関ヶ原合戦で島津勢が放った鉄砲傷が悪化し、佐和山城内でこの世を去る。新しく彦根山に彦根城を築き、佐和山城から移り住むのは、直政の子直継《なおつぐ》の代になってからのことであった。

彦根城の築城

直政は生前、落城で荒れた佐和山城に替えて、琵琶湖岸の磯山（米原市）に新しく城を築く意志をもっていたようであり、家老の木俣守勝《きまたもりかつ》に現地調

長浜城大手門を移築したと伝わる天秤櫓（重要文化財）

査を命じていた。直政の死後、後事を託された木俣は、その磯山に彦根山と佐和山を加えた三山で築城を検討。結局、彦根山がもっとも適していると結論し、家康に願い出る。

こうして、慶長九年（一六〇四）七月一日、彦根山の城普請が槌音も高く始まった。城普請は、大坂冬の陣・夏の陣で一時中断しながらも、およそ二十年後の元和八年（一六二二）頃までにほぼ全容が完成した。その間に勃発した大坂両陣を境として前後に二分すると、前半の工事は内堀によって囲まれた本丸・鐘の丸・西の丸などの主として城の核心となる部分が築かれた。慶長十一年頃には本丸の天守が完成し、直継は佐和山から本拠を彦根山へ移している。前半の工事では、幕府から六人の奉行が派遣されており、近江近国の諸大名が動員されたという。彦根城は幕府主導で築かれた天下普請の城だったのである。遠く江戸に幕府を構える徳川氏にとって、彦根の地は豊臣恩顧の大名が多い西国への押さえの拠点と意識されたのであろう。

後半の工事では、城まわりの櫓・堀・土塁などの各施設、そして家臣の屋敷などがおおよその完成をみた。後半の工事は彦根藩独自で行われた。

ところで、彦根城の築城にあたっては、佐和山をはじめ長浜・安土・大

大津城の天守を移築したと伝わる彦根城天守閣（国宝）

津などの古城や、敏満寺など周辺の古寺から、石や用材が集められたという。例えば天守は大津城の天守、天秤櫓《てんびんやぐら》は長浜城大手門、そして太鼓櫓《たいこやぐら》は佐和山城の城門と伝えている。彦根城は、今日風に言うところのリサイクルの城であった。築城を急いだためということのほかにも、戦国時代以来の古城・古寺を解体して戦の根城を絶やしたいという彦根藩そして幕府の意図が感じられる。

こうして完成した彦根城は、彦根山の自然地形を利用して築かれた典型的な平山城《ひらやまじろ》であった。その姿は、国宝となっている天守のほか要所に築かれた櫓が重要文化財の指定を受けるなど、全体として江戸時代の面影をよく今日に伝えている。しばしば時代劇のロケーションに用いられ、江戸時代の雰囲気を伝える場所となっている。

表御殿の復元——彦根城博物館

こんな彦根城にもう一つ、城に不可欠な建物が復元された。表御殿《おもてごてん》である。表御殿は彦根藩の政務を行う政庁であるとともに、藩主が在国中の住まいとしたところである。政務を行う表向《おもてむ》きと、藩主が日常生活をおくっ

よみがえった表御殿

た奥向《おくむ》きが、複雑な建物構成の中にうまく配分されて表御殿を形作っていた。表向きには、藩主や家臣たちが彦根藩の政務を行うために詰めていた部屋が広がる。同時に、それらとは別に大きな書院が二棟、棟を連ねていた。ともに儀式に用いられた建物。元旦に始まり五節句の各挨拶、江戸への出立、江戸からの帰城、さらに公的な来客の接待などなど、その度にこれらの書院で格式ばった行事がとり行われた。いかにも儀礼を重んじた時代らしい。そして、これらの書院に面して立つのが能舞台。能を見るのもまた儀式の一環であった。一方、奥向きは藩主たちが日常生活をおくった所である。部屋の前には庭園が広がり茶室が付設されるなど、表向きとは異なってずいぶんくつろいだ感じだ。最も奥まった所に、細長い棟を並べるのが御殿女中の寝所である長局《ながつぼね》。奥向きは、いわば江戸城大奥のミニ版といったところか。

ところで、表御殿が成立するのはいつ頃か。はっきりとした年号を示せないのが残念だが、彦根城の全容がほぼ完成をみた元和八年前後と考えられる。その前身は、本丸にあった御広間《おんひろま》。あまり見る人もいないが、今も天守の前にはその礎石が点々と連なっている。表御殿の成立後、特に奥向きは幾度かの増改築によって少しずつ変化をしながらも、風雪にたえて明

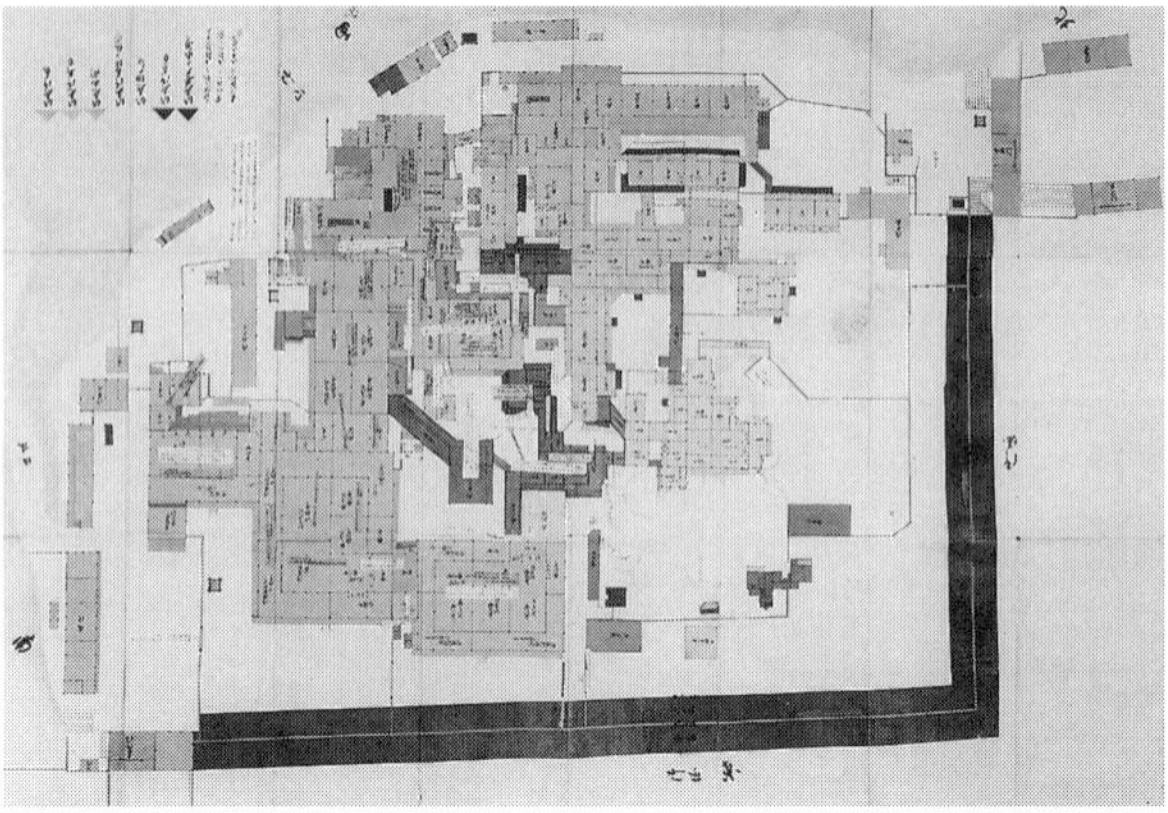

表御殿の絵図（彦根城博物館蔵）

治を迎える。そして明治十一年（一八七八）、ついに解体。長く彦根藩の頭脳のような役割を果たしてきた表御殿のあっけない幕切れであった。かろうじて能舞台だけが、他へ移築されて解体をまぬがれた。その後、当時はグランドなどとして活用され、わずかに片隅に立つ「表御殿跡」の立て札が往時を偲ばせるばかりであった。

　表御殿の復元――博物館の建設が話題に登るようになったのはずいぶん古いことだ。それは市制施行五十周年記念事業として結実。復元には大きく四つの手法が用いられた。一つは展示室や収蔵庫など博物館の機能をもたせた外観復元。他にあった能舞台を再びもとにもどした移築復元。木造で当時さながらに復元した木造復元。そして発掘調査の成果をそのまま生かした庭園部分の遺構復元である。表向きのほとんどが外観復元、奥向きは木造復元でよみがえったことになる。今、展示室には井伊家に伝来した大名道具が、所を得た満足そうな面持ちで訪れる人々の期待にこたえている。年に幾度か催される能や茶会もまた、復元施設ならではの情緒があって好評である。表御殿の復元、それは建物の復元にとどまらず、そこで用いられ催された江戸文化の復元となっているのである。

近江戦国の道　大名庭園

■玄宮園

江戸初期の大名庭園

彦根城の北側の内堀に面して、西隣の枯山水、楽々園とともに、井伊家の下屋敷の庭として造営された。

第四代彦根藩主井伊直興が延宝年間に作庭したもので、城内表御殿が藩の公的生活の場であったのに対し、ここはプライベートなところであった。密談の声を消す小川のせせらぎの音がする一方、園遊会もできるよう、種々の会合に適する工夫がされている。

面積は二万八百㎡、うち七千四百㎡がひょうたん型の池で、池の周囲に小高い丘が連なり、石畳が敷いてある。入口からこの石畳の通路を歩いて、上がり下がりするたびに眺めが変わる。いわゆる池泉回遊式庭園である。

中国最大の湖である洞庭湖の瀟湘（しょうしょう）八景を模したとも、それに倣って選んだ近江八景を模したともいわれ、別名「八景亭」ともいう。玄宮園の名は唐の玄宗皇帝の離宮にちなんだものである。池には大小の中島があり、中島には神仙四島を表し、それぞれの島にはすべて橋が架けられている。

池に引き込んでいる水は、約一キロ東にある水流町の湧水を利用、木管を地下に埋めて導水するなど、当時としては画期的な土木事業であった。

■楽々園　**井伊直弼《なおすけ》生誕地**

〃楽々〃の名は、論語の雍也《ようや》篇にある「仁者は山を楽しむ、知者は水を楽しむ」ことばからとられた。もとは隣の玄宮園と一体のもので「けやき御殿」といわれていた。井伊家の別荘御殿が楽々園、庭園が玄宮園で、竹垣一つで隔てられている。

延宝五年（一六七七）に第四代藩主が起工、同七年に完成した。敷地は一万二千㎡。文政元年の御殿図によると、六十数室あるとなっている。現存する建物は七棟十七室ほどである。

檜わだぶきの大書院のほか、楽々の間、おかるの間、雷の間、地震の間、雀の間、役所の間などがある。地震の間は大きな石盤の上に建ち、天井のはりに麻のロープを結びつけるなど、珍しい耐震構造になっている。

☎０７４９—２３—０００１

（彦根観光協会）

彦根城博物館の能舞台

三十五万石大名道具の精華

儀礼を重んじた江戸時代、大名はおのおの家の格にふさわしい道具を調えた。彦根藩主井伊家は、藩領三十万石と幕府の預かり米五万石を合わせて三十五万石を保有し、譜代大名筆頭の格式を誇った。代々の藩主によって三十五万石の雄藩にふさわしい数々の道具が集められたのは言うまでもない。

それらの中で、まず掲げるべきは刀剣や甲冑などの武器武具。武門を象徴する道具として大切にされた。一方で、藩主は幼い頃から文化的教養を身につけるよう教育された。武人であるとともに教養豊かな文化人であることを要求されたのである。そのため、能役者や茶坊主を召し抱え、能舞台や茶室を設けて、能や茶会に興じた。おのずと、そこで用いる道具もおびただしい数量を数えた。また、書院の床飾り、藩主やその家族の身辺に置かれた調度品や文房具・遊戯具なども、大名家らしく豪華絢爛なつくりのものが揃った。そして、これらにさらに質量ともに厚みを加えたのが、藩主の好みで集められた私的な収集品である。十二代藩主直亮《なおあき》の和楽器や

江戸時代の雰囲気が漂う夢京橋キャッスルロード

十三代藩主直弼《なおすけ》の茶道具がよく知られるところだ。

今ひとつ忘れてはならないのが膨大な量の古文書や典籍類であろう。それらはようやく解読が始まったばかりで、全容は杳《よう》として知ることができないが、本書で紹介した佐和山城絵図のように、解読が進むにつれてさまざまな発見があるものと期待している。

ところで、我々が今日目にすることのできる井伊家伝来のこうした品々は、明治以降の激変した時代を決して安閑と伝えてきたわけではない。この間に、多くの大名家伝来品がさまざまな理由で散逸あるいは消失した。井伊家伝来品も、大正十二年の関東大震災で罹災《りさい》し、たくさんの優品を失っている。一説には九割近くを失ったともいう。今も彦根城博物館には、焼身となった刀身や火にあって変形変色した陶磁器が痛ましい姿で保存されている。こうした困難を乗り越えて、井伊家伝来品が今日我々の前にあることを忘れないでおきたいものだ。

夢京橋キャッスルロード

ずいぶん洒落た愛称をもらったこの通りは、中堀の京橋口から南西にまっすぐ伸びる本町筋。本町のほぼ中央を走る町筋だ。道路拡幅にともない、この通りに面した町並みを江戸時代の雰囲気に変える工事が行われ、平成十一年に完成した。もちろん道路は拡幅し、江戸時代にはありえない商店などもあるから、当時そのままというわけではない。それでも、古色のついた木造と白壁のつづく町並みはなかなかのものだ。これまで城を往復するだけだった観光客も、今ではこの新しい町並みに多く訪れるようになってきた。

　さて、この本町筋。城下町の建設にともなって最初に着手された町割りだという。慶長九年（一六〇四）には一応でき上がっていたというから天守よりも古い。当初から町人のまちとして建設。本町の名は、町割りの起点になったからだという説と、佐和山城下の本町が移されたのだという二説ある。元禄八年（一六九五）の記録によれば、本町の人口九百八十七人、総軒数二百二十六軒を数え、医者九軒・酒屋七軒・研屋六軒・畳屋六件・塗師六軒など四十三種の職の人々が住んでいたという。江戸時代にはもっとも賑わった町だ。

　この町筋に浄土宗宗安寺《そうあんじ》がある。朝鮮通信使が彦根で宿泊の時、正使・副使・従事官の三使の宿泊所となったことで知られるお寺だ。その際に贈ら

佐和山城の表門を移築したと伝わる宗安寺の山門。通称赤門と呼ばれ、朝鮮通信使の宿舎となっていた

石田三成の家臣、島左近の屋敷跡に建つ清涼寺は井伊家代々の墓所

れたと思われる朝鮮高官像が伝来する。境内には、大坂夏の陣で彦根勢に討ち取られた豊臣方の名勝木村重成《しげなり》の首塚が、今は静かな眠りについている。

清涼寺《せいりょうじ》・龍潭寺《りょうたんじ》そして長寿院

佐和山の西麓には、清涼寺・龍潭寺《りょうたんじ》そして長寿院など、彦根藩主井伊家ゆかりの寺院が大規模な伽藍《がらん》を点在させている。

曹洞宗清涼寺は、二代藩主井伊直孝《なおたか》が初代直政の墓所として創建。以後、井伊家歴代の菩提所として栄え、幾人もの名僧を輩出した。清涼寺の寺域は、かつて石田三成の家臣としてその名を知られた島左近の屋敷地であったという。本堂左方に今も常緑の葉をつけたたぶの老木（くすのき科）は、その当時のものと伝えている。

清涼寺の隣にある臨済宗妙心寺派の龍潭寺もまた井伊家の菩提寺である。井伊家発祥の地、遠江国（静岡県）井伊谷《いいのや》にある龍潭寺昊天《こうてん》和尚によって、天和三年（一六一七）に創建された。その年に建てられた方丈には、蕉門十哲の一人、森川許六《もりかわきょりく》が描いたと伝える襖絵百四面があり、寺を包むように東に佐和山を借景とする池泉の庭、南には枯山水の庭が広がっている。

龍潭寺に伝わる芭蕉十哲のひとり森川許六筆の襖絵

かつて龍潭寺の禅宗学寮の科目のなかには「園頭科《おんず》」という造園の科目が設けられていた。池泉と枯山水という異なる風情を見せる二つの庭園は、学僧たちの良き教材でもあったのだ。

長寿院は、元禄八年（一六九五）時の四代藩主直興《なおおき》によって、戦国時代以来の近江の領主や領民の霊を祀り、領域の安泰を祈願して創立された真言宗の寺院である。その建設にあたっては、良民一人一文の奉加金を募ったばかりでなく、多額の藩銭を費やしている。伽藍は、創立時に建立された弁財天堂・阿弥陀堂・楼門・経蔵・宝蔵と、安永四年（一七七五）十代藩主直幸《なおひで》によって建立された奥之院、その後に建てられた総門などからなる。本堂の弁財天堂は国の重要文化財、阿弥陀堂・楼門・経蔵はいずれも県指定文化財となっている。弁財天堂以下経蔵・宝蔵に至るまで、各所に極彩色が施されており、さながら日光東照宮を思わせる。弁財天堂前の敷石の下には百所霊場（西国三十三所・秩父三十四所・坂東《ばんどう》三十三所）の土が埋めてあり、ここに参詣すれば百所に詣でた功徳があるとされるのはありがたい。なお、長寿院の立つ高台は、彦根城の鬼門にあたり、長寿院の建立はその鬼門除けという意図もあったようだが、それにしても楼門越しに見る彦根城そして城下の町並みは絶景だ。

（谷口　徹）

北国街道を北上

伊吹山
姉
川
北国脇往還
秀吉と三成出会の寺
365
観音寺
伊吹山展望地
石田三成生誕地
三島池
横山城跡
戦国時代の武将たちの戦勝祈願した社
八幡神社
春照
スイジョウと呼ばれる宿場跡
北国脇往還
伊吹山展望
中山道宿跡
関ヶ原
居醒の清水。水中にバイカモが育ちマス・ハリヨが泳ぐ
京極家菩提寺
さめがい
醒井
中山道
徳源院
柏原
かしわばら
伊吹もぐさで栄えた
名古屋
大垣〜名古屋
北畠具行墓
21
(名神道路)
国蝶オオムラサキ
バツツジ名所
県立醒井養鱒場

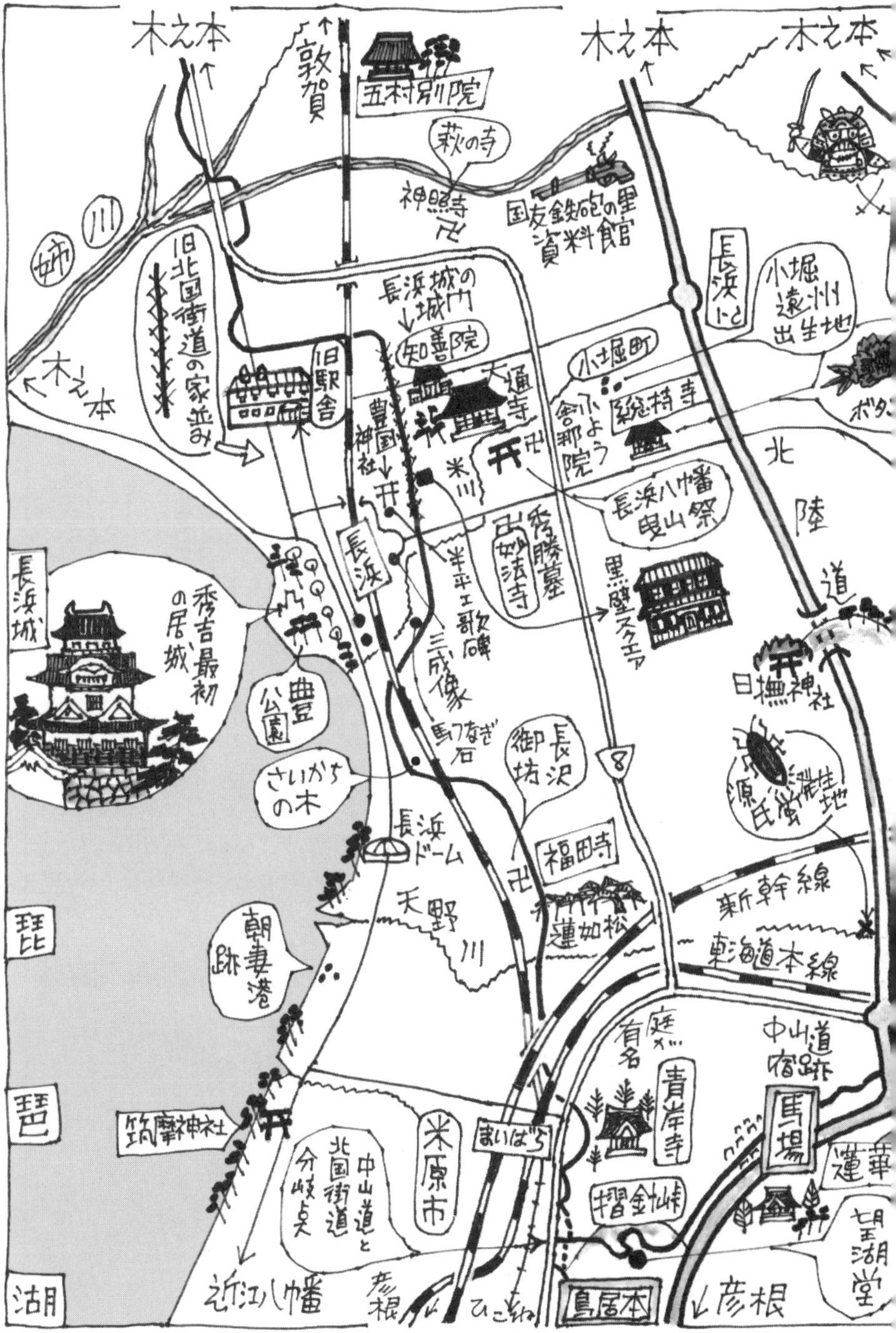

木之本
敦賀
五村別院
木之本
木之本
萩の寺
神照寺
国友鉄砲の里資料館
姉川
旧北国街道の家並み
長浜城の城門
知善院
大通寺
小堀町
小堀遠州出生地
長浜IC
木之本
旧駅舎
豊国神社
舎那院
総持寺
米川
長浜八幡曳山祭
北陸道
長浜
秀勝墓
妙法寺
黒壁スクエア
長浜城
秀吉最初の居城
半平エ歌碑
三成像
日撫神社
豊公園
馬つなぎ石
長沢御坊
源氏蛍発生地
さいかちの木
長浜ドーム
福田寺
新幹線
天野川
蓮如松
琵琶湖
朝妻港跡
東海道本線
中山道宿跡
有名庭が…
青岸寺
馬場
筑摩神社
米原市
まいばら
中山道と北国街道分岐点
醒井峠
蓮華
望湖堂
近江八幡
彦根
ひこね
鳥居本
彦根

みちしるべ

◆青岸寺

京極導誉によって開かれ、その後荒廃したが、井伊氏によって再興した。太尾山の山麓を利用した築山林泉式枯山水の庭園がある。JR米原駅から徒歩3分。
☎０７４９―５２―０４６３

◆筑摩神社

朝妻港から1㌔のところにあるこの神社では、少女に鍋を冠らせて渡御する「鍋冠まつり」（別掲）がある。JR彦根駅からバス朝妻下車5分。
☎０７４９―５８―２２２７
（米原市観光協会）

◆福田寺（長沢御坊）

境内正面本堂の奥の「浅井御殿」はヨシ葺き入母屋造りで県指定文化財。書院の庭は名勝で年2回公開される。「奴《やっこ》振り」は県無形民俗文化財。JR米原駅からバス長沢下車徒歩2分。
☎０７４９―５２―１１８１

◆蓮華寺

京極導誉に阻まれた北条仲時以下４３２人が自刃した。JR米原駅からタクシーで5分。
☎０７４９―５４―０９８０

◆徳勝寺

秀吉の長浜築城によって、小谷から長浜に移され徳勝寺と改称された。本堂には、長政夫妻の小像や秀吉が播州より持ちかえったといわれる薬師如来がある。本堂奥の墓地には浅井家三代の墓が並んでいる。JR長浜駅から徒歩20分。
☎０７４９―６２―５７７４

◆三島池

水鳥の楽園として静かで美しいこの池は、周囲約1㌔、渡り鳥にとって絶好の休養地である。JR近江長岡駅からバス三島駅ビジターセンター下車。
☎０７４９―５５―２３７７

◆清滝寺徳源院

京極家の菩提寺。境内に三重塔《とう》があり、本堂の裏側に18基の宝《ほう》篋《きょう》印塔があり、京極一族の墓塔である。JR柏原駅から徒歩20分。
☎０７４９―５７―０２４４

◆ゲンジボタル生息地

天野川橋一帯は、昭和27年「ゲンジボタル発生地」として特別天然記念物に指定、例年6月初～下旬に天野川周辺で無数のホタルが見られる。JR近江長岡駅から徒歩5分。
☎０７４９―５８―２２２７
（米原市観光協会）

◆観音寺

「三碗の才」で三成がその才能をかわれた秀吉との出会いの寺。伝教大師像は重要文化財。JR近江長岡駅からバス朝日下車徒歩5分。
☎０７４９―５５―１３４０

◆春照八幡神社

天智天皇の創祀といわれ、北国脇往還の街道に沿った春照宿に昔から山伏も参加する太鼓踊りがあった（別掲）。姉川の合戦の時、家康が武運をいのったと伝えられ、信長も秀吉も詣でたといわれる。JR近江長岡駅からバス役場前下車徒歩10分。
☎０７４９―５５―２０４０

◆北畠具行の墓

柏原の町はずれの丸山の頂上にある。北条氏討伐の企てに加わったため幕府に捕まり、柏原で殺害された。墓は高さ２０４㌢の宝篋《ほうきょう》印塔である。JR柏原駅から徒歩30分。
☎０７４９―５８―２２２７
（米原市観光協会）

◆長浜城歴史博物館

豊臣秀吉が築いた長浜城跡に、市民の熱意で再建された長浜城は長浜城歴史博物館とし

て、湖北一円の歴史と文化を常設展示。近世以前の湖北地方の姿、湖北の人々の間に根付いた信仰と宗教文化、また秀吉が天下人となっていく過程や長浜との結びつきを各種の歴史資料やジオラマで解説している。小堀遠州や海北友松など近世の美の創造者とその美を紹介している。JR長浜駅から徒歩8分。
☎0749—63—4611

◆長浜鉄道スクエア

明治15年に建てられた旧長浜駅舎は現存する最古の駅舎として昭和33年に「鉄道記念物」の指定を受けた。往時そのままの駅舎に隣接する「長浜鉄道文化館」では貴重な鉄道資料を展示。また「北陸線電化記念館」にはD51蒸気機関車などが展示されている。JR長浜駅から徒歩5分。
☎0749—63—4091

◆曳山博物館

長浜曳山まつりの歴史・文化を紹介する博物館。平成12年10月に開館。館内には「動く博物館」といわれる曳山（山車）を常時2基ずつ展示しているほか、大きなスクリーンが迫力あるまつりの模様を映し出し、いつでも祭りの雰囲気を体感することができる。JR長浜駅から徒歩10分。
☎0749—65—3300

◆総持寺

重要文化財の聖観音をはじめ、小堀遠州の庭園、仏像仏画が多く残っている。ボタン祭は5月上旬。JR長浜駅からバス宮司北下車すぐ。
☎0749—62—2543

◆慶雲館（盆梅展）

長浜鉄道スクエアの前。盆梅展は例年1月10日から3月中旬まで開催。期間中以外では、4月から11月末まで公開されている。JR長浜駅から徒歩5分。
☎0749—62—0740

◆北国街道

長浜を南北に貫く北国街道は、北陸と中山道を結ぶ道である。JR長浜駅から徒歩5分。
☎0749—62—4111
（長浜観光協会）

◆黒壁スクエア

黒壁ガラス館（1号館）を囲むように30館が点在し、長浜町衆の盛り上がりがみられる。JR長浜駅から徒歩5分。
☎0749—65—2330

◆大通寺（長浜御坊）

伏見城や長浜城の遺構を移築した境内は広大で、参道は門前町の雰囲気が漂う。室町時代末期、豊臣秀吉が長浜城築城の時に寄合道場を開いたのが始まりという。開祖は教如上人で慶長11年に現在の地に移った。建物の多くが文化財に指定され、内部の障壁は狩野山楽や円山応挙らが描いている。JR長浜駅から徒歩10分。
☎0749—62—0054

◆豊国神社

豊臣秀吉、加藤清正、木村重成を祭神としている。10月の大祭には、武者行列が繰り広げられ、商売繁盛や出世を願う人で賑わう。JR長浜駅から徒歩3分。
☎0749—62—4838

◆舎那院

もと八幡宮の神宮寺。本尊愛染明王は見事。秀吉寄進の薬師如来は寺宝。夏の盛りの芙蓉（フヨウ）は華麗に咲く。JR長浜駅から徒歩15分。
☎0749—62—3298

◆神照寺

かつて寺坊300を数えたが、小谷の合戦で焼失。後、秀吉が再興。寺宝に国宝や平安・鎌倉期の仏像・仏具がある。9月は萩の花が咲き、萩の寺として有名。JR長浜駅からバス神照寺前下車すぐ。
☎0749—62—1629

◆妙法寺

秀吉が小谷城下より長浜に移した寺で、長浜で幼くして亡くなった秀吉の子、秀勝の墓がある。JR長浜駅よから徒歩7分。
☎0749—62—2434

◆国友鉄砲の里資料館

戦国時代の戦術を大きく変えたのは、鉄砲の出現。時の権力者の庇護があり、国友は最大の鉄砲生産地となった。資料館では、製造に必要な諸道具と関係文書を多く収蔵し、国友鉄砲鍛冶の仕事ぶり、鉄砲のできるまで、国友鉄砲のいろいろ、さらに国友の生んだ文化などを展示紹介している。JR長浜駅からバス国友鉄砲の里資料館前下車すぐ。
☎0749—62—1250

近江戦国の女性

「近江を制するものは天下を制す」といわれ、戦国時代、近江は野望を抱いた武将たちが駆けめぐり、たびたび戦火にまみれた。男たちの野望の陰で、数々の悲哀を感じたり、不幸になった女性があり、一方才知で夫の出世を助けた賢婦もいた。

■織田信長の愛妾　お鍋の方

信長は女性関係に関して、秀吉や家康より淡白であった。その信長の唯一といわれる女性が、野洲郡北里村郷士高畠源十郎の四女「お鍋」である。お鍋は夫右京亮との間に二子があった。夫は、信長を八風峠越えの案内をした縁で交友ができたが、これを知った佐々木義賢親子が蒲生定秀に右京亮を討つように命じ、右京亮は八尾山の城中で切腹している。夫は切腹、そして二子も蒲生定秀にとられたお鍋は、彼女に同情した小倉家家臣、奥政景のとりはからいで、信長の館に住まいし側室となった。

信長との間に信高、信吉が生まれるが、いずれも信長死後の秀吉の恩義に報いるため、関ヶ原の合戦では西軍につき、家康から所領を没収される。秀吉、秀頼はお鍋を大事にし、晩年は安息の日々を送ったといわれる。没後、大徳寺内の信長の墓のそばに葬られた。

お鍋の夫が仕えた小倉氏は、愛知川ダム周辺の旧東小椋村、旧高野村、旧山上村（いずれも東近江市）一帯を勢力範囲としていた。お鍋にまつわる話は、今もここに伝わり、史跡も残されている。

■内助の功　山内一豊の妻

第三代長浜城主となった山内一豊の父は、織田家の家臣であったが、織田家の内紛で戦死。一豊はその後各地を転々とし、坂田郡宇賀野村（米原市）に身を寄せていた。長じて秀吉の部下となり、隣村飯の豪族若宮喜助の娘千代を妻とした。後世、武士の妻の鏡として名高い千代は、信長が京都で馬揃えをしたとき、鏡箱から十両を出して木之本で良馬を買わせたとか、安土へひいてきた東国一の名馬を買わせて夫の出世のいとぐちをつくったとかいわれている。

一豊の母が金を出したとも伝わるが、その後一豊は出世していく。その陰に賢夫人といわれた千代の支えがあってのことであろう。

JR田村駅前に建つ一豊・千代の像

結婚当初は貧しく、まな板さえ買えず枡を裏返して使ったという。切り傷のある枡は今も宇賀野に残されている。夫の死後は仏門に入り、見性院と号した。

■芭蕉の句に詠まれた光秀の妻

大津市坂本の天台真盛宗の総本山、西教寺境内の明智一族の墓の近くに、一基の芭蕉句碑がある。これは、平成五年に芭蕉没後三百年を記念して大津の俳句同好の人々が建立したもので、光秀の妻を詠んだ句が刻まれている。

この句は芭蕉が又玄宅に泊まった時、又玄の細君が、まめまめしくもてなしてくれるのを見て、思わず光秀の妻「凞子《ひろ》」を思いおこして詠んだといわれている。

明智光秀の妻煕子は、夫のために、自分の黒髪を切って売り、夫の必要とする金子を捻出したといわれている。

「月さびよ明智が妻の咄《はなし》せむ」

西教寺の句碑に書かれている句である。

光秀の妻煕子は美濃の名士の娘で縁戚の光秀と婚約後、天然痘にかかったが、光秀は婚約を破棄しなかった。そんな夫を煕子は生涯愛し抜こうと誓ったという。光秀が失職の時は生活苦を乗り切り、一人で出産もしたという。戦国武将の妻としては申し分のない女性であった。本能寺の変後は、居城、坂本城落城と運命をともにした。

光秀の妻を詠んだ芭蕉の句碑

■夫の嫉妬で信仰の道を選んだ 細川ガラシャ夫人

明智光秀の娘玉子は、宮津城主、細川忠興の妻である。夫忠興は、彼女を大層愛していたが、嫉妬心が強かった。

玉子の父光秀が、織田信長を本能寺で討つと、忠興は舅に味方しようとした。しかし、父細川幽斉の考えで中立とする。坂本城より光秀の家臣が、忠興に加勢するようにとやってきたが、彼は使者を切り捨てる。使者は、かつて、玉子が坂本城で心を寄せていたといううわさがあったからである。

このことで、忠興は「反光秀」であることがはっきりしたが、光秀は秀吉に討たれる。この頃、玉子は夫の態度をよしと思わず、次第にキリスト教への信心を深めていき洗礼をうけ、細川ガラシャ夫人となった。

戦国の時代に、自分の意のままにならない女性が多い中、彼女はあくまで自分の信念をキリストをつうじて貫いたのであった。

■戦国一悲劇のヒロイン お市とその娘

日本女性史の中でも最大のヒロインといえる「お市の方」。織田信長の妹であり、夫浅井長政は、実兄信長との戦いに敗れる。そして、柴田勝家と再婚するが、賤ヶ岳の合戦で破れた勝家とともに北の庄で自刃。政略結婚の犠牲となり、そして悲劇的な最期。たぐいまれなその美貌が、さらに同情を集める。多くの歴史小説に登場し、戦国武将の陰に泣いた悲劇の主人公とされている。

JR河毛駅前の長政・お市の像

しかし、浅井長政との小谷城での生活は、短い歳月ながら幸せであったと伝えられ、現在の人々が想像する以上に彼女たちは時代を生き抜く生命力があり、決意をもっていたのではないだろうか。

彼女の三人の娘は、それぞれ歴史上、欠くことのできない人物と出会い、それぞれの立場で悩みつつも逞しく生き抜いている。

長女茶々は秀吉の側室となり、秀頼を出産。やがて淀殿と呼ばれ戦国時代を大きく変えていく。次女初は京極高次の妻として、大津城籠城戦をたくみにくぐり抜け、高次の嫡男と妹の娘と縁をつくり、嫁ぎ先の家名をたかめた。さらに末娘の督は徳川二代将軍秀忠の妻となり三代将軍家光を産む。

いずれも戦国の時代を生きる女性は、家名を守り、次の時代に継承していくことの責任と使命をもつ運命があったのであろう。

北国街道飯村付近

福田寺《ふくでんじ》と蓮如

鳥居本の北のはずれ、松並木の面影がわずかに残る下矢倉《しもやぐら》で中山道から分岐する北国街道を北上する。戦前までは、JR米原駅のすぐそばまで入江内湖の汀線が打ち寄せていた。米原には、京極導誉が創設したと伝えられる国の名勝庭園をもつ曹洞宗青岸寺《せいがんじ》がある。

古代のロマンを秘める天野川を越えると山内一豊の妻の里・飯村《いむら》に入り、やがて一豊の母の墓がある宇賀野《うかの》をすぎる。その北が戸数百戸あまりの長沢で、この村に長沢御坊・福田寺がある。

近江の戦国時代を回顧するとき、仏門と領地を守るために蜂起し、信長の軍勢に竹槍で立ち向かっていった湖北一向一揆の悲愴な歴史を除いては語れない。その中心的役割を果たした湖北十ヶ寺の頭領が福田寺であった。

寺伝によると、その由緒は古い。宝亀二年（七七一）、伊吹山寺沙門《さもん》三修《じゅ》の高弟・名超《みょうちょう》童子が息長川《おきなが》（天野川）の辺りに坊舎を立てたと伝えられ、それが布施山息長寺、現在の福田寺の起源とされている。

本願寺八世蓮如は、宝徳元年（一四四九）から延徳二年（一四九〇）に

蓮如が植えたといわれる福田寺の「蓮如松」

かけて、いくたびか福田寺に滞在したと伝えられている。蓮如は、長禄元年（一四五七）に四十三歳で本願寺八世の職を継いでいるためそれ以前から福田寺との親交があった。

福田寺の山門をくぐると、本堂の前に、十メートルを超す枝を張る見事な松に圧倒される。蓮如が植えた「蓮如松」という。苔むすこの老松からも、近江門徒、とりわけ福田寺を中心とする湖北門徒との深いつながりをしのぶことができる。

蓮如が継職六年目の寛正六年（一四六五）正月、比叡山の山門宗徒は本願寺破却を決議し、東山大谷の堂宇に火を放つ。蓮如は祖師の真影を負って近江を転々とし、一時、堅田を活動の拠点にするが、文明三年（一四七一）には近江を後にして北陸の吉崎へ移る。吉崎では一、二年のうちに寺内町が形成されたようであるが、その吉崎も安住の地ではなかった。文明七年（一四七五）には、ひそかに吉崎を退去して河内の出口へ向かっている。福田寺の寺伝『温古記』によれば、福田寺琮俊も蓮如にしたがって吉崎へ赴いている。蓮如の吉崎時代、湖北の門徒たちも、愛発の山峡をこえて吉崎と長浜を往還している。

湖北一向一揆

蓮如が寂した年があけると十六世紀。日本史の上で最大の内乱時代「戦国の世紀」の幕があく。この乱世に本願寺は、信長の天下制覇をさえぎる巨大な法城にまで発展していく。そして、福田寺は、本願寺十一世顕如《けんにょ》の時代に、石山本願寺を支える軍事力の重要な柱石となり、このころ福田寺は「長浜御坊《ごぼう》」と称される小法城を形成していく。

やがて、慶長元年（一五九六）、長浜御坊大通寺が建立されるが、このとき、福田寺をはじめ湖北十ヶ寺は御坊建立の肝煎役をつとめている。

本願寺と福田寺に隆昌をもたらした力はどこにあったのか、それを知るためには、信長の覇権阻止に死闘をつづけた湖北一向一揆をかえりみなければならない。

加賀で火の手があがった一向一揆は、越中、能登、越前に波及した。朝倉、上杉などの守護大名はきびしく真宗（一向宗＝本願寺派）を領内で禁圧したが、ついにささえきれず、石山本願寺が確立するころには一揆勢力と和睦し、領内の統一を図っている。

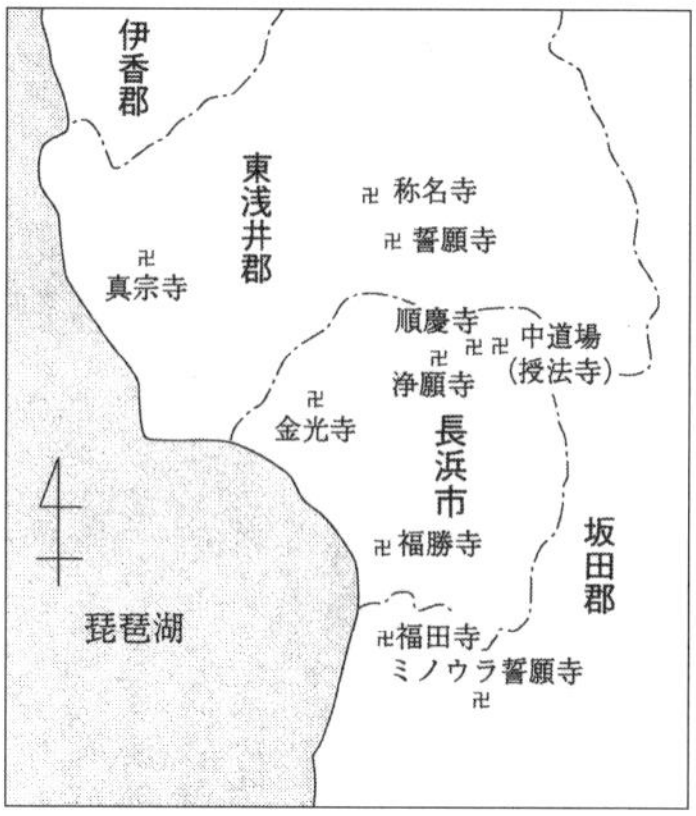

湖北十ヶ寺（『長浜市誌』より）
※市郡界は平成十八年の合併以前のもの

湖北十ヶ寺　長沢の福田寺、箕浦の誓願寺（米原市）大戌亥の福勝寺、榎木の浄願寺、上坂の順慶寺、十里の金光寺（長浜市）、益田の真宗寺、尊勝寺の称名寺、内保の誓願寺（旧東浅井群、現長浜市）のほか、中道寺（所在不明）の十ヶ寺をいう。

朝倉も上杉も、北近江の浅井も、甲斐の武田信玄も、安芸の毛利元就もついに本願寺に帰依している。しかし、信長、秀吉、家康は、一揆勢力と妥協しなかった。戦国時代、湖北の形勢を左右する中心勢力は、浅井氏と本願寺門徒であった。

将軍足利義昭は、幕府の再興に必死となり、反信長の諸将に働きかけたが、このころ幕府はすでに実体を失っており、石山本願寺が将軍にかわる政略の焦点となっていた。信長が、石山本願寺を天下制覇の最大の敵と目さねばならない宿命がそこにあったのである。信長が上洛の望みを果たした永禄十二年（一五六五）以後、顕如上人は、ついに武力対決を決意し、全国の門徒宗に武装蜂起を呼びかけた。この宣戦布告は、姉川合戦の直後、元亀元年（一五七〇）九月であった。このときから、天正八年（一五八〇）三月まで、十年におよぶ石山合戦がはじまる。一向一揆は、それより早くから野火のように拡がっていった。

湖国の一揆は、湖東、湖西、湖北の三つの地域で燃えあがった。湖北三郡を中心とし、浅井・朝倉の勢力と連携して信長と対決した江北一向一揆は、湖北の有力寺院十ヶ寺が結束した。その筆頭に立ったのが、福田寺十一世覚世《かくせい》であった。

殉教万人塚

近江が信長の軍勢に踏み荒らされ、戦火に包まれるのは、永禄十一年（一五六八）から小谷城が陥落する天正元年（一五七三）までのほぼ五年間。その間に、山門の焼き討ちが行われ、姉川の戦いがくりひろげられた。浅井・朝倉連合軍と織田・徳川連合軍が激突した姉川合戦は、元亀元年（一五七〇）六月二十八日。戦いは織田・徳川連合軍の優位のうちに終ったが、浅井軍はまだ壊滅していない。翌年の元亀二年（一五七一）、湖北十ヶ寺は信長に徹底抗戦する盟約書を交わす。

この一揆勢力の力を借りて、浅井長政は元亀二年五月、五千人の軍勢で堀秀村の箕浦城を攻撃した。横山城を守っていた木下藤吉郎はこれを知り、山東街道をへて箕浦へかけつける。これが箕浦合戦である。

一揆勢を中心とした浅井軍は統率がとれず、下長沢で両軍が激突したが浅井軍は退却を余儀なくされる。さいかち浜、下坂浜、今浜と衝突をくりかえしたが、五千人の浅井軍は、わずか五、六百人の木下藤吉郎・堀秀村の軍に敗れたのである。

このとき、おびただしい数の農民（一向宗徒）が非業の死をとげた、とされる。さらに、前後の決死の戦いで犠牲となった門徒僧俗の霊を弔う鎮魂の碑、「殉教万人塚」が福田寺境内の本堂南側に建立されている。

浅井《あざい》御殿

浅井氏が寄進した福田寺の浅井御殿。室町時代末期の枯山水の庭がある

福田寺の本堂の右手には、中世の面影を残すヨシ葺きの書院がある。この建物は「浅井御殿」と称されており、浅井氏の寄進によるものだという。枯淡な中にも品格のあるその書院は、福田寺が浅井氏と切るに切れない深い因縁で結ばれていたことを物語っている。建物は滋賀県文化財に指定されており、枯山水の庭園は室町時代末期の作庭という。

福田寺と浅井氏とのつながりを語るものに万菊丸の話がある。東浅井郡志ではその存在が否定されているが、寺伝では、

「長政の妻お市と三人の娘のほかに、男の子が二人いた。上の子が万福丸、末子を万菊丸といった。万菊丸は小谷落城の年の五月生まれで三ヶ月の赤ん坊だった。二人の男児も城から脱出したが、その後万福丸は発見され、磔刑《はりつけ》（信長公記）あるいは、串刺し（浅井三代記）にされたが、万菊丸はさいわい誰にも気づかれず福田寺で養育された」という。小谷落城の悲劇を紹介するいくつかの文芸作品の中でも『盲目物語』が、二人の男児の落城の際の運命を簡潔に伝えている。

さいかち合戦の悲劇を語るさいかちの老木

福田寺で養育された万菊丸は、成長して第十二世住職「正芸《しょうげい》」を名乗り、元和二年（一六一六）四十三歳の生涯を終えたとされている。

その後、東西両本願寺が分立すると、湖北十ヶ寺の大半が東本願寺派となり福田寺も行動を共にしたが、慶安元年（一六四八）に福田寺は西本願寺派に転派する。

宝暦年間（一七五一～六二）に、法如門主の五男豊丸《とよまる》を住職に迎え、このときから連技寺院となり「長沢《ながさわ》御坊《ごぼう》」と称されるようになった。

福田寺第二十世文観《ぶんかん》は、彦根藩主井伊家から入寺し、第二十二世本覚のとき、京の公卿二条家の息女を室（夫人）に迎え公家の血統を加えた。現在も伝わる「福田寺公家奴」は、そのときの輿入れに従った公家奴の奴振りを伝承しているとされる。

このように、福田寺は、長浜別院、五村別院とともに、湖北の真宗信仰の拠点として大きな役割を果たしてきた。

北国街道を長浜へ

福田寺から長浜城に向けて、北国街道をさらに北上する。街道は、田村

徳勝寺にある浅井家三代の墓所

町をへて高橋町から琵琶湖岸へ向かう。

下坂浜町《しもさかはま》をぬけると長浜市街の船町通りに入る。下坂浜町の村はずれには、さいかち合戦の悲劇を語るさいかちの老木が一本だけ残っている。「湖畔に植栽文化を育てる会」の故 川崎健史《けんじ》さんが昭和五十年代に植えられた、さいかち浜水泳場のさいかちは、十メートルを超す大木に育ってきた。

船町通りに入る手前の平方町には、浅井三代の菩提寺・徳勝寺《とくしょうじ》がある。秀吉の長浜築城の際に小谷城下から移された寺で、浅井三代の木像、お市の方の木像、長政自刃の短刀、秀吉が播磨（兵庫県）の書写山から移したと伝えられる本尊の薬師如来像などが安置されており、本堂の裏には三代の墓が祀られている。

船町通りを北上し、谷汲道《たにぐみみち》と交差する札の辻（現在の黒壁ガラス館の辻）を左折すると、道は大手門通り。長浜城の正門に通じていた。長浜城一帯は都市公園（豊公園《ほうこうえん》）として整備され、長浜のみずうみの玄関口となっている。昔日を語るものは、天守閣跡にわずかに残る石垣と老松、湖中の太閤井戸くらいである。

湖岸に残る太閤井戸

秀吉の長浜築城

秀吉は、元亀元年（一五七〇）の姉川合戦で、まず浅井の砦、横山城を落として戦いを勝利に導き、三年間にわたる対峙ののち、天正元年（一五七三）、ついに小谷城を陥落させて浅井家を滅亡させた。武功により、秀吉は信長から、江北三郡の浅井領十二万石を拝領し、はじめて一国一城の主となったのである。秀吉三十七歳の秋だった。

そして、翌年秀吉は今浜《いまはま》に築城を始めた。琵琶湖は冬でも移動や輸送に好都合。そして何よりも、流通経済を重視した領国経営にあたるための、城下町をつくりやすい土地だった。今浜の地には、古くは京極氏の砦があった。湖岸は、水郷地帯のような水路がめぐっていた。まさに、天然の要塞の地形があった。信長が思いめぐらした、安土・坂本・大溝と結ぶ湖上ネットワークの拠点にもなりうる、秀吉の読みの中にそんな計略もあったにちがいない。

東浅井郡志には「秀吉は今浜城の正門をば天秤形に新たに築きたれど、三層の天守閣は小谷城の鐘丸を移してこれを築きたり」とある。

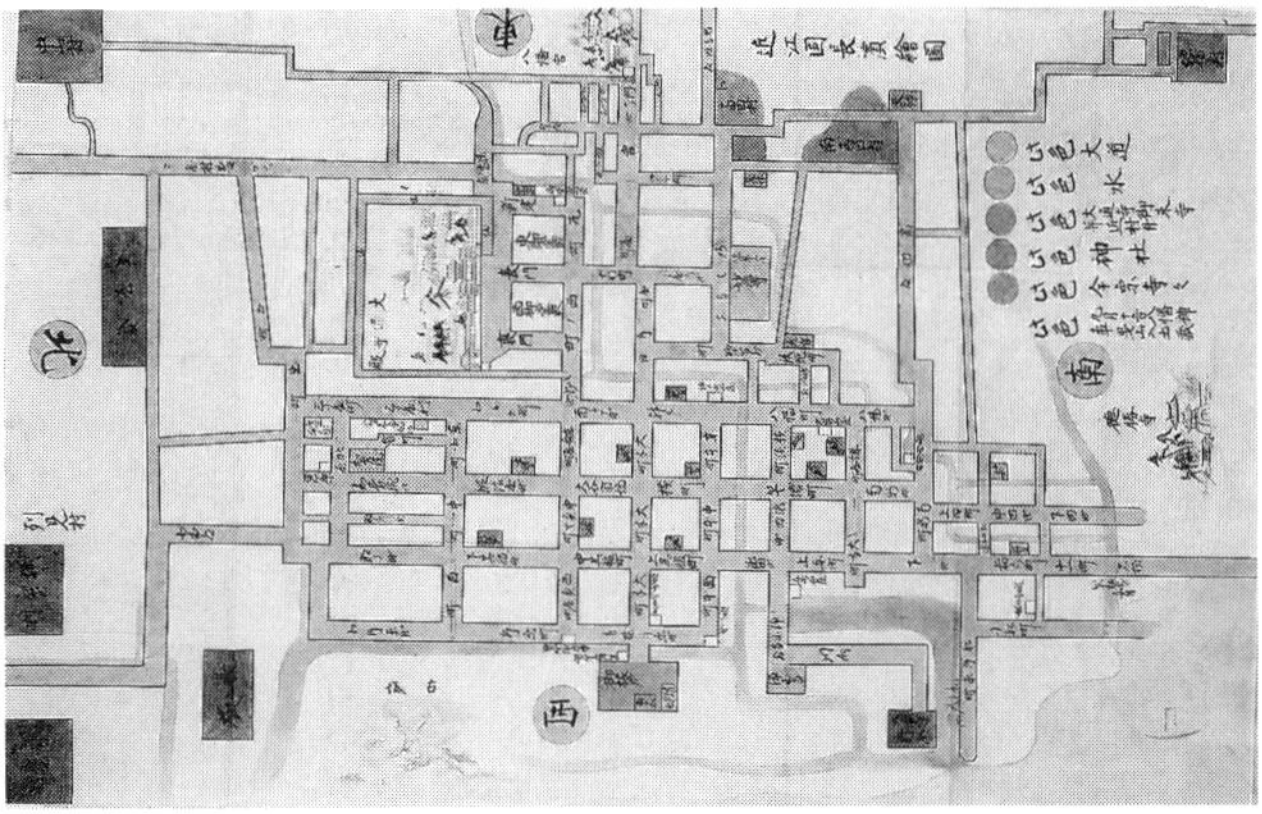

長浜町絵図（長浜城歴史博物館蔵）

城づくりに必要な材木は、小谷城や虎御前山砦、横山城などの建築材が転用されたと考えられる。また新材として、浅井長政が竹生島に預けておいた材木も利用されたとされる。石垣用の石材も領内から集められ、五輪塔などの墓石や石仏、さらに廃城の石垣材も再利用されたようだ。

土木工事の人足には、領内の人々が徴発され、堀の掘削や整地作業などに従事した。人足は、百姓を中心に、商人、僧侶、奉公人（被官）や侍（土豪）までも含まれていた。これらの人々が、鋤、鍬、もっこで土石を運び新城建設にあたったのである。

築城工事は天正二年から一年以上かかっている。外堀、内堀ともに天然の水路を利用し、水路を浚せつした泥土を積み上げて土塁（土居）としている。いまも殿町《とのまち》に残る「北土居《きたどい》」などの地名からそれがうかがえる。

長浜城に関する絵図は、元禄九年（一六九六）のものが最古で、秀吉が築いたころの輪郭は判然としていない。柴田勝豊、山内一豊、内藤信成・信正時代にも改修が加えられたと考えられ、廃城とともに用材や石材を彦根に運ぶため、舟やイカダが接岸しやすいように大幅に地形が変えられているのである。

秀吉を支えた近江衆

浅井・朝倉攻めで十二万石の城持ちとなった羽柴秀吉は、足軽から成り上がっただけに、直臣といえるものは少なく、新領地内よりどしどし人材を登用した。秀吉子飼いの「尾張衆」に対して「近江衆」といわれる近江出身の家臣たちで、のちに秀吉政権の中枢を担う人材が輩出するのである。

出世頭は五奉行に加えられた石田三成《いしだみつなり》、長束正家《なつかまさいえ》、増田長盛《ましたながもり》の三人であろう。豊臣政権の次代を託された五奉行の五人のうち三人までが近江出身者で占められていたのである。

石田三成は、坂田郡石田村（長浜市石田町）生まれで、観音寺に預けられていた時「三献の湯」のエピソードで知られる秀吉との出会いがあった。この時の三成の機転が認められ、秀吉の近習《きんじゅう》として召し抱えられた。のちに、佐和山城主となったが、主に秀吉の近くで政務に携わり、戦いに必要な物資の調達や天下統一後の行政面で手腕は発揮された。一方、堺奉行も兼ねており、国際貿易での新しい文化を吸収し、茶人や画家との交流も多かったといわれている。「三献の湯」のエピソードはJR長浜駅前に銅像となっている。

長束正家は、栗太郡常盤村（草津市長束町）生まれ。はじめ丹羽長秀に仕えており、少年時代から算数に長じ、年貢の徴収や検地に大いに腕をふるって、丹羽家に万金の富をもたらした。長秀の死後、正家は秀吉に見こまれてその直臣となり、貢租、会計をつかさどりその敏腕ぶりを発揮した。

増田長盛の出身は東浅井郡益田村とも尾張国増田村ともいわれている。二十七歳の時、長浜城主だった秀吉に召し抱えられた。太閤検地を立案、推進して天正十三年五奉行の一人となった。朝鮮の役での功労もあり、理財に長じた文治派の武将であった。石田三成、長束正家、増田長盛の三人はいずれも水口岡山城主であったという共通点があり、水口岡山城は「近江衆」の出世城だったといえるかもしれない。

近江衆の中には、賤ヶ岳七本槍に数えられる片桐且元《かたぎりかつもと》や脇坂《わきさか》安治《やすはる》をはじめとする、武功をもって忠勤を励む近江衆も多くいた。片桐且元は、伊香郡高月村の出身で浅井氏滅亡ののち秀吉に仕え、秀吉没後は秀頼の後見役としての重要な地位にあり、豊臣・徳川両家のパイプ役もつとめた。

脇坂安治は東浅井郡小谷村の出身。はじめ明智光秀に属したが、秀吉に見出されて臣下となった。七本槍の一に数えられ、数々の武功があるが、関ヶ原合戦後は徳川方に寝返った。

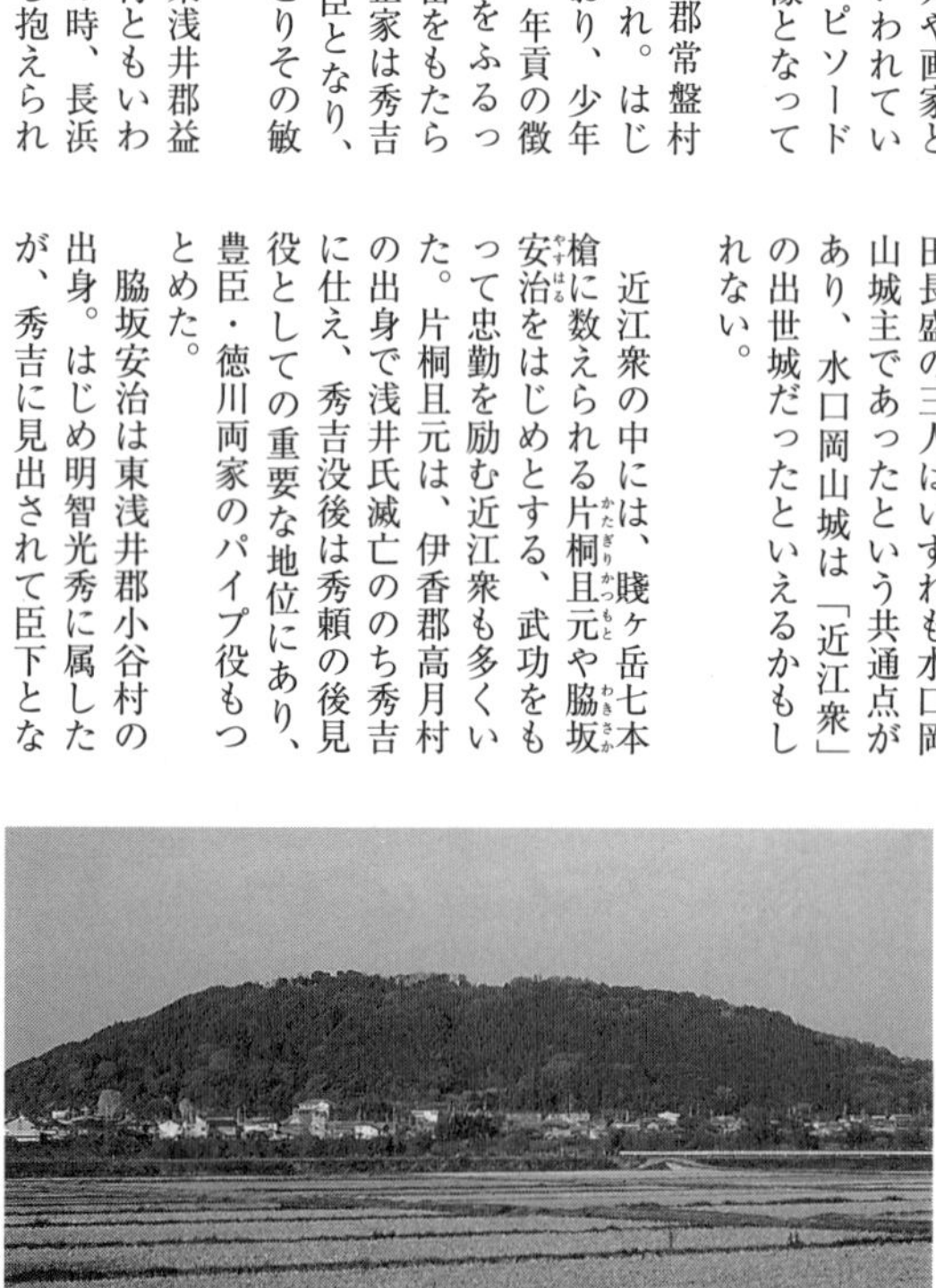

水口古城山

長浜城外堀付近

秀吉の城下町建設

秀吉が小谷から長浜へ移ったのは、天正三年（一五七五）冬から天正四年春にかけてと見られており、入城にあたって今浜を「長浜」と改名し、自らの名も木下藤吉郎から羽柴秀吉とした。

天正二年（一五七四）夏、築城と同時にはじまった城下町の建設にあたっては、小谷城下からの民家の集団移転のほかに、近郷からの移住を促している。大谷市場町、伊部町、郡上町、呉服町、知善院町、横町、鍛治屋町は小谷からの移住者の町であり、小谷城下から徳勝寺、願養寺、善隆寺も移されている。さらに、湯田村尊野から地善院、小谷長尾山から妙法寺も移された。坂田郡内から、日撫《ひなで》神社の寺内町・顔戸《ごうど》を移したと思われる神戸町、箕浦町などがある。城内には、鍛冶師を住まわしたと見られる蹈鞴《たたら》（ふいごのこと）町の地名も残る。

城下町の建設と同時に、湖北の統治、領国経営にあたっては、楽市楽座の布令、社寺の所領安堵、職人の諸役免除、町屋敷年貢免除などを行っているほか、猿楽などの庶民芸能の振興（のちに子ども歌舞伎を行う曳山ま

舟板塀がのこる北国街道船町付近

つりとなる）、新田の開拓や水争いの仲裁など、その施策には目を見はるものがある。町屋敷年貢米の三百石免除は、重税に苦しんできた当時の人々にとって干天の慈雨以上の喜びだったにちがいない。職人は土木工事の人足にも戦にもかり出されることはない。楽市楽座令は、蟻が砂糖に群がるように近郷の商人や民衆を長浜へ引きつけ、自由商業地として都市基盤を整え、流通経済を発展させる大きな力となっていった。

男子出生の際には、「内祝いじゃ」と町民に金子を振舞っている。町民はこれを基金に氏神長浜八幡宮の例祭に曳山を建造し、城下を曳き回った。長浜曳山まつりのはじまりである。

秀吉の長浜在城は、本能寺の変の天正十年（一五八二）までのおよそ七年間。この間も、信長の命によって各地を転戦しているから、長浜でじっくり落ちついている間はなかったようだ。天正四年（一五七六）七月には、中国攻めを、天正八年（一五八〇）には因幡へ進入、鳥取城を落城させ、天正十年（一五八二）には高松城（岡山市）の水攻めを行っている。そしてこの年の六月、本能寺の変がおこった。

秀吉が長浜を離れても、前述のような善政が、秀吉と町衆の緊密度を高めたことが記録から読みとれる。天正十一年（一五八三）四月の賤ヶ岳の

大通寺の台所門。山内一豊が城主の時に建てた長浜城の大手門と伝わる

合戦の際には、長浜の町衆は炊き出しや兵糧の運搬に従事している。柴田勝家の攻撃で中川清秀が憤死した際、大垣から賤ヶ岳へかけ戻ったいわゆる「大返し」の折には、田の畔にタイマツを結びつけ、秀吉の大軍到来を見せかけて柴田勝家の軍勢をあわてさせた秘話などはよく知られるところである。翌天正十二年（一五八四）の小牧長久手合戦では、町衆が近江名産の鮒ずしを陣中見舞いとして秀吉に贈っている。

長浜市民が、いまも秀吉を呼びすてにせず「秀吉公」「太閤さん」と敬称で呼び、市章にも秀吉の馬印のひょうたんを採用しているゆえんはここにある。

長浜城の廃城と再興

賤ヶ岳合戦後、長浜城には山内一豊が入城する。山内一豊の在城は、天正十三年（一五八五）から同十八年までの五年間。一豊が小田原の陣の戦功によって遠州掛川城主（五万石）となった後は、内藤信成・信正が入るが、やがて廃城となる。秀吉が初めて一国一城の主となり、天下人への出世街道をつっ走った出発点となった出世城・長浜城の存続は、わずか四十

市制四十周年にあたる昭和五十八年に再興された長浜城

年あまりだったのである。
井伊家の彦根城築城にあたって、石垣から柱、瓦にいたるまで彦根へ運ばれ、長浜城は跡形もなくなった。現在の石垣は、明治四十二年、長浜町が城跡を公園化するにあたって、付近に散乱していた残石を積み直したものである。
廃城後も、公園化後も、長浜の町衆の中に、秀吉を慕う心情は連綿と流れてきた。そして、「お城がほしい」を市民の積年の願いとしてきた。現在の長浜城は、昭和五十八年、市制四十周年を記念して、市民の募金運動によって建設された昭和の城であり、天守の豊臣の家紋が輝く城内に入ると、内部は歴史博物館となっている。
秀吉が治めた江北十二万石の地域博物館にふさわしく、秀吉とその時代、城下町の成立と発展、を中心とした展示公開がされており、見ごたえがある。展望台（天守閣）からは、湖北平野を一望することができる。秀吉が築いた天守跡は、現在地より約五十メートル北西とされ、そこには樹齢四百年余の老松（平成六年、台風で上部が倒木）と、京の都に思いをはせる秀吉の立像がある。

長浜城の門が移築された知善院。本堂には秀吉の木像が安置されている

秀吉ゆかりの長浜のまち

山内一豊の居館「伊右ヱ門屋敷」跡や益田長盛の屋敷跡など、秀吉ゆかりの歴史遺産が市内に多くみられる。長浜駅前には秀吉と石田三成が観音寺で出会ったときの「お茶の三献」の出会いの像。駅北の豊国神社は、秀吉を祭神として祀っている。徳川三百年の圧政に耐えて、町衆が小さな祠でまつり続けた秀吉さんの神社である。その境内には、賤ヶ岳七本槍の若武者、加藤清正の像や家臣竹中半兵衛重治の句碑が建立されている。

知善院《ちぜんいん》町（三ツ矢元町）の知善院の山門は長浜城の門が移築されており、本堂には秀吉の座像（木像）が安置されている。片町（大宮町）の妙法寺は、「秀吉の子秀勝、天正四年十月此地で死す」という寺伝と、本光院朝覚居士の画像（焼失）および、この法号が刻まれた石碑が存在する。秀吉は、秀勝が夭逝《ようせい》したあとの迎えた養子に次々と「秀勝」と名づけており、秀吉が秀勝にかなりの愛着をもちつづけてきたことがうかがえる。長浜の曳山まつりも、この秀勝出生を喜んで、町民に金子を振舞ったことがそのはじまりと見られる。

妙法寺の秀勝廟

このほか、小谷城下から移された願養寺や善隆寺（元浜町）、社田の寄進や勧進猿楽などで復興を支援した長浜八幡宮のほか、往時をしのぶ北国街道が長浜のまちを南北に貫いている。

北国街道は、中山道と北陸を結ぶ重要な基幹道路であり、長浜のまちへ南と北から人とモノの集まる道であった。

いま、江戸時代から明治にかけての町家が最も多く集積しているこの界隈は、黒壁ガラス館など三十館が点在する黒壁スクエアとして整備され、年間百万人をこす観光客がつめかける賑わいを呈している。

沿線住民も、景観形成協定を結び、長浜らしい建造物を表彰する風格賞を競い、うまいもん処が新しい味を売り出し、店構えも北国街道にふさわしい改装工事をすすめている。

秀吉が発した楽市楽座令が、人とモノと情報を長浜に吸引したように、いま、第三セクター黒壁が、現代の楽市楽座を仕掛けているような感さえする。

近江戦国の道の祭③

■鍋冠《なべかんむり》まつり（筑摩神社）

五月三日に行われる奇祭。数え年八つの女の子が、狩衣《かりぎぬ》姿に張子の鍋を冠って行列するところからこの名がある。昔はここは湖東の大湊で、往来の舟が出入りして繁昌し、遊女などの一夜妻も多かった。そうしたことから祭日に関係した男の数だけの鍋を冠らせて社参させ、売罪の証しにさせたのが起源だという説もある。祭に先立って宮世話が神事の諸役を氏子に割当て、神主から頭差しといって御幣八本が鍋冠り役の女の子の家々に配られる。二日が宵宮祭で、三日は鍋渡御が行われる。母衣《ぼほ》人・猿田彦など五十に近い諸役がこれに付き従って続く。（JR米原駅からタクシーで5分）

■春照《すいじょう》の太鼓踊（春照八幡神社）

農業に関係のふかい春照では、日照りが続くと、三日三晩あるいは五日五晩仏式で雨ごいをした。これをお経がけといい、効験がなければ、みくじで雨の日を占う。その日が来ても雨が降らなければ、押し願いといい、太鼓踊を実施した。

復活した太鼓踊は道行からはじまる。これにはムラの男子全員参加が建前で、八幡神社の大幟を先頭に奴振り・山伏・瓢振り・音頭・笛・鉦・太鼓などが長蛇の列を組み、秋葉神社からムラの中央をねり歩いて八幡神社へと向かう。太鼓や鉦《かね》を打ちならしつつ、二列になったり輪になったりして、境内狭しとばかりに踊りをくりひろげる。踊に雨乞踊があり、返礼踊のさいは瓢振りの子どもたちも入りまじって、踊はいっそうにぎやかとなる。五年ごとの九月二十三日に行われる。（JR近江長岡駅からバス役場町下車徒歩10分）

※寛文十一年（一六七一）雨乞祈願のために太鼓踊をはじめたと伝えられている。

大通寺の山門

大通寺

長浜の市街地の中心部に、約七千坪の広大な境内地をもつ真宗大谷派長浜別院、無礙智山《むげちざん》・大通寺は「長浜御坊」「御坊《ごぼう》さん」とも呼ばれている。

長浜のまちは、秀吉が築いた長浜城の城下町として成長を見たが、その後は、この大通寺の門前町として発展してきた。

大通寺は江戸時代の初めに現在地に移転し、その後、彦根藩主・井伊直孝の援助をえて、秀吉が築いた伏見桃山城の遺構とされる本堂、広間を譲りうけ、歴代住職と門徒衆の強大な信仰の力で、大伽藍、寺観を整えてきた。その草創期には、身命を賭して仏敵と闘ってきた、門徒衆の血涙の歴史があったのである。

大通寺の草創は元亀二年（一五七一）ごろ。湖北一向一揆の際に、今浜の村人が惣会所《そうがいしょ》を設けたのが始まりとされており、浅井長政と組んで信長と武力対決した北郡坊主衆、北郡番衆たちは、浅井氏の滅亡後も、石山本願寺とともに信長への抵抗の姿勢を崩さなかった。

天正八年（一五八〇）三月、信長と石山本願寺顕如が和議を結ぶと、湖

門徒衆の叫びがこめられている血判阿弥陀如来像（浄顕寺蔵）

北一向宗徒は徹底抗戦を叫ぶ顕如の子教如を支持し、教如から檄文を付与されている。また、前後の資料により、江州北郡坊主衆と町衆を含む門徒たちは、教如の籠る石山本願寺に軍資金と鉄砲隊を送りこもうとしていたことがわかっている。

さらに、長浜の町衆は結束を固めるため、「血判阿弥陀如来像」二幅を作成している。これは、一つは阿弥陀如来像の表面に、もう一つは裏面に「伊部町」「かやな町之衆」など町単位に、総計三百四十二人の墨署名と血判が押されているものである。

信仰の対象である阿弥陀如来像に、連署血判するという行為は、強固な団結を誓う悲壮な決意がなければなされ得ないものである。

天正八年（一五八〇）、石山本願寺開城の際、身命をかけて教団を守ろうとした門徒衆の叫びが、この血判阿弥陀像にこめられている。このような時代に、長浜の町衆、門徒衆が、聞法の場だけでなく、本願寺支援の密議をはかる場として設けた寄合所が惣会所であった。

惣会所は慶長元年（一五九六）に長浜城内に移されている。このころは、「長浜御堂」とも「大通寺」とも「長浜道場」とも呼ばれるようになっていた。秀吉が関白となって十年、文禄の役につづいて、再び朝鮮に兵を進

「お花さん」　お花さんとはキツネのこと。寺の移転計画がもち上がったとき、移転するか否かで門徒衆を二分するような動きとなった。本山の上人に決着をつけてもらう以外にないと皆は考えた。そこで、移転反対派はひと足先に本山へ出発したが、野洲川の大増水で渡るに渡れない。堤防の茶屋で休憩していると「お花」というかわいい娘がやさしく接待してくれるため、ついつい滞在が長くなってしまった。

水が引いたので川を渡ろうとすると、移転強行派は「新しい土地で立派な御堂を建てられよ」という上人のお墨付きをもらって帰ってくるところ。

彼らは湖上を舟で先回りしていたのである。反対派にとっては、もう後の祭り。野洲川の増水は、移転強行派を応援した「お花ギツネ」のしわざだった。

門徒衆の熱意がユーモラスに語り伝えられてきた話で、「お花さん」はいまも大通寺大広間の天井裏に住んで御坊さんを守りつづけている、と信じられている。

めていたころである。

長浜城内から現在地に移ったのは慶長十一年（一六〇六）。道場にあふれる門徒衆に対応しきれず、御堂の新築にせまられた。そのときの門徒衆の熱意の建設を物語る「お花さん」の話が伝えられている。

大通寺発足当初は、本山から僧が派遣され、三郡の有力末寺が輪番に出仕勤行していたが、湖北教団を重要視した東本願寺十三世宣如《せんにょ》上人により、寛永十六年（一六三九）、三男の霊端院《れいずいいん》宣澄《のぶずみ》が住職として入寺している。

これを契機に大通寺は、彦根藩主井伊直孝の援助を得て寺域の拡大を図り、徳川家康から東本願寺へ賜ったという伏見桃山城の用材を本山から譲り行け、本堂や広間として伽藍と寺観の整備を図っていった。

以後、大通寺は井伊家との結びつきを濃くし、第五世住職横超院《おうちょういん》には井伊直惟の息女を、第十世霊寿院《れいじゅいん》には井伊直弼の息女を裏方として迎えている。本堂の柱には無数の刀傷や鉄砲の鉛玉の跡が見られる。広間には寺には似つかない武者隠し戸があるなど、城郭建築様式と波乱の時代が垣間見られる。

大通寺の文化財は、本堂、広間、含山軒および蘭亭が重要文化財に、含山軒と蘭亭の庭園が名勝に、山門、台所門が市文化財に指定されている。

表参道商店街

このほかに、庫裏、新御座、鐘楼、太鼓楼等近世から近代にかけての立派な建物が残っている。

大通寺の伽藍の中には、二十八日講、因講、白砂講、女人講、尼講、惣会所、茶所、詰所など、門徒衆が浄財を集めて独自で建てた建物が多い。白砂講はすでに解体されているが、これらの施設は、門徒衆が休息と宿泊に用いてきた信心のかたちである。

大通寺では連日のように法話や講座が開かれていた。とくに夏中法要《げっちゅうほうよう》（七月）や報恩講（十一月）には参詣者が町にあふれた。露店も数多く軒を並べ、商店もこの二つの催事で一年分のもうけを得るほどだった。こうして門前町はいっそう賑わい、湖北の人々は御坊さん参りと称して「浜行き」を楽しみ、その人波が町に活気を呼びこんでいった。

いま、門前の御堂筋商店街は「ながはま御坊表参道」と名を変えて、石畳の道と昔日をしのぶ雁木づくりの商店街に整備されている。山門のライトアップも寺門の歴史をきわだたせている。寺の修復を支援する市民団体「大通寺を守る会」や地元商業者が「馬酔木《あせび》展」や文化塾を開くなどの活動を続けている。まさに、戦国時代の門徒パワーが現代の町衆パワーとしてよみがえった感がする。

北国街道と長浜街道

大通寺から国友へ

近江戦国の道は、大通寺から五村別院へ結ばれている。通称「十里《じゅうり》街道」と呼ばれるこの道は、湖北の村々から浜行きする人と物資を運ぶ大八車でにぎわった道だ。いまも、傘屋、提灯屋、ろうそく屋、籠屋、仏壇屋、和菓子屋などが軒を並べる職人の道で、そのよさを生かした「職人のまち」の集積を生かす取り組みがすすみ、「職人のまち美術館」もオープンした。

十里街道を北上すると、町はずれから「虎姫街道」と名を変える。下《しも》之郷《のごう》町地先の二本松地蔵尊を右（東方）へとると、鉄砲の里・国友がある。

大通寺から国友への道は、歴史的集積の多い旧北国街道を北上することもできる。

秀吉が長浜に城を構えるまでの北国街道の主要ルートは、中山道の番場《ばんば》あたりから北へ伸びて小谷城下に結ばれていたという説が有力であり、そのルートは、中世から「元三大師《がんざんだいし》道」と呼ばれてきた。現在の県道伊部・近江線の路線と重なり合う部分が多いコースでもある。

ボタンで知られる総持寺

大通寺の参道入口から東へは谷汲道《たにぐみみち》が通っていた。西国三十三番札所めぐりの巡礼みちで、谷汲道は、北国街道札の辻（黒壁ガラス館前）から東へ、大手門通り、長浜八幡宮参道、東村、小堀村、宮川村、能面師の里・七条村、石田三成出生の地・石田村をへて東へ伸び、伊吹山ろくの春照《すいじょう》村（旧伊吹町）で北国脇往還と合流していた。通称「長浜街道」とも言われた道だ。

大通寺前から駅前通りを東上して宮司町《みやしちょう》へ。宮司町には、行基の草創とされ、仁王さんとぼたん寺としても知られる名刹総持寺《そうじじ》がある。江戸期には宮川藩主堀田氏の陣屋が置かれ、曳山も一基保有している村である。

小堀町は小堀遠州出生の地で、その屋敷跡も残っている。

山階町《やましなちょう》は近江三座の猿楽座「三階座」の発祥の地。口分田町《くもで》は、古代の班田制における口分田《くぶんでん》に由来する村。戦国期には口分田彦右衛門の土豪の名が見え、六角定頼が陣を敷いた記録もある。口分田町から水の美しい泉町を経て国友に入る。

国友鉄砲の里資料館

鉄砲の里・国友

国友は種子島へポルトガルから鉄砲が伝来した翌年から火縄銃の製造がはじまったとされ、信長・秀吉・家康と時の覇者の保護をうけ、日本最大の鉄砲工業地として栄えた鍛冶師の村である。国友の中心部に建設された「国友鉄砲の里資料館」の展示資料や六面マルチの映像は、国友の歴史と鉄砲づくり、そして多くの人材を輩出した湖北の一寒村の多くの謎を解説している。

湖北には、古代の製鉄遺跡が数多く確認されている。鉄砲製造以前から国友には優秀な野鍛冶や刀士が住んでいたらしい。地元に残る『国友鉄砲記』によると、鉄砲の製造がはじまった軌跡を次のように伝えている。

天文十二年（一五四三）八月、ポルトガル人を乗せたジャンク（中国船）が暴風雨にあい、種子島南端の門倉岬に漂着した。三人のポルトガル人は島主・種子島時尭《ときたか》に謁見、手にしていた火縄銃を試射して人々を驚かせた。このとき時尭は大金を出して二挺の銃を買い求め、一挺を薩摩の島津貴久に贈った。島津公はこれを将軍足利義晴に献上したという。

各地より収集された国友銃が展示されている資料館内部

足利義晴は、家臣の細川晴元、その配下の京極氏を通じて、国友の鉄匠・善平衛、藤九左衛門に鉄砲を貸し渡してその製造を命じた。伝来銃は銃尾（筒の手元部分）が螺子《ねじ》になっていた。鉄匠たちは知恵を絞ったが、雄ネジはつくれても雌ネジ（筒の中のらせん状の凹み）のつくり方がわからない。そのとき、鉄工の一人、次郎介が刃先の欠けた小刀で大根をくりぬき、ネジの原理を会得し、ネジ切り道具（ネジタップ）をつくりあげてようやく二挺を完成、天文十三年（一五四四）八月、足利将軍に献上したという。

信長、秀吉、家康の庇護

国友の鉄砲にいち早く目をつけたのは織田信長だった。国友文書によると、天文十八年（一五四〇）七月十九日、信長は国友鍛冶に六匁玉筒五百挺を発注、翌年十月までに国友兵庫守を通じて納めさせた。

弘治三年（一五五七）五月には、信長は国友村へ「秘密を洩らすな」「諸国の鉄砲の製造の届け出」など五ヶ条の掟を出している。

元亀元年（一五七〇）には、石山本願寺の戦いと姉川合戦がおこっている。とくに、石山本願寺との戦いで銃の力を思い知らされた信長は、翌元

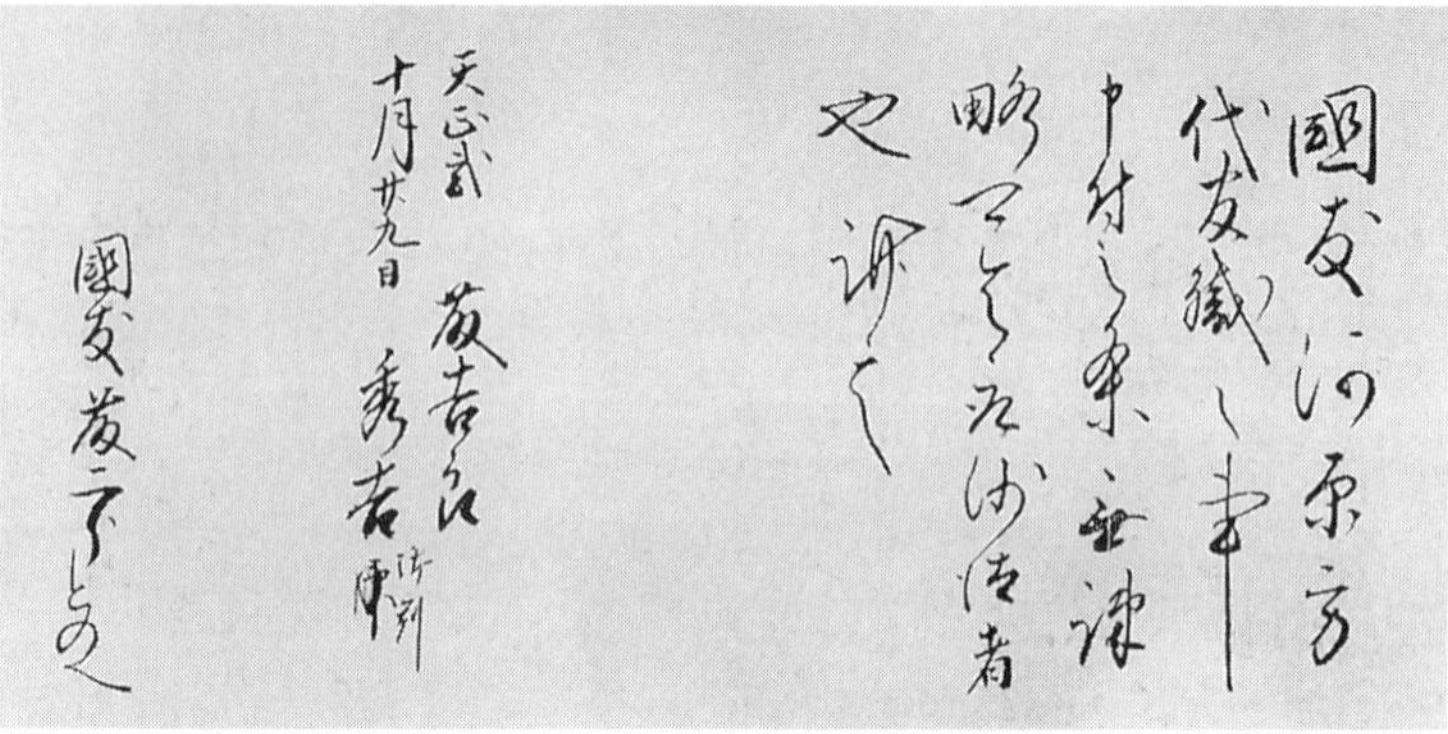

天正二年羽柴秀吉から国友藤九郎への安堵状

亀二年一月十七日、木下藤吉郎に命じて二百匁玉筒（大筒）二挺を製造させた。これは、日本における大筒製造の最初とされる。天正三年（一五七五）五月二十一日の長篠の戦いでは、一説に三千挺の鉄砲が火を噴き武田方を圧倒したという。

　姉川合戦の武功で江北十二万石を領有した木下藤吉郎も、鉄砲を重視し国友村に対して特別の行政をしき、鉄砲管理の統制を強化した。天正二年（一五七四）八月には、国友藤九郎に百石を与える書状を出し、二ヶ月後の十月二十九日には、国友藤九郎を国友川原方代官職に任じている。

　文禄元年（一五九二）の朝鮮出兵にあたり、秀吉は肥前名護屋城に出陣しているが、このとき、国友の豪士野村肥後守は鉄砲組頭として、国友衆二百五十人を率いて出陣している。そして、天下分け目の関ヶ原である。

　石田三成も、佐和山城主となると、秀吉に代わって国友藤二郎に百石を与えて国友を支配していた。慶長五年（一六〇〇）四月、徳川家康は石田三成との関係が不穏になると、大胆にも、三成領の国友にひそかに手をのばしていた。家康は国友の年寄・脇坂助太夫を抱えこんで鉄砲の急造を依頼した。この一件は三成を激怒させ、家康に対し挙兵する誘い水となったようである。

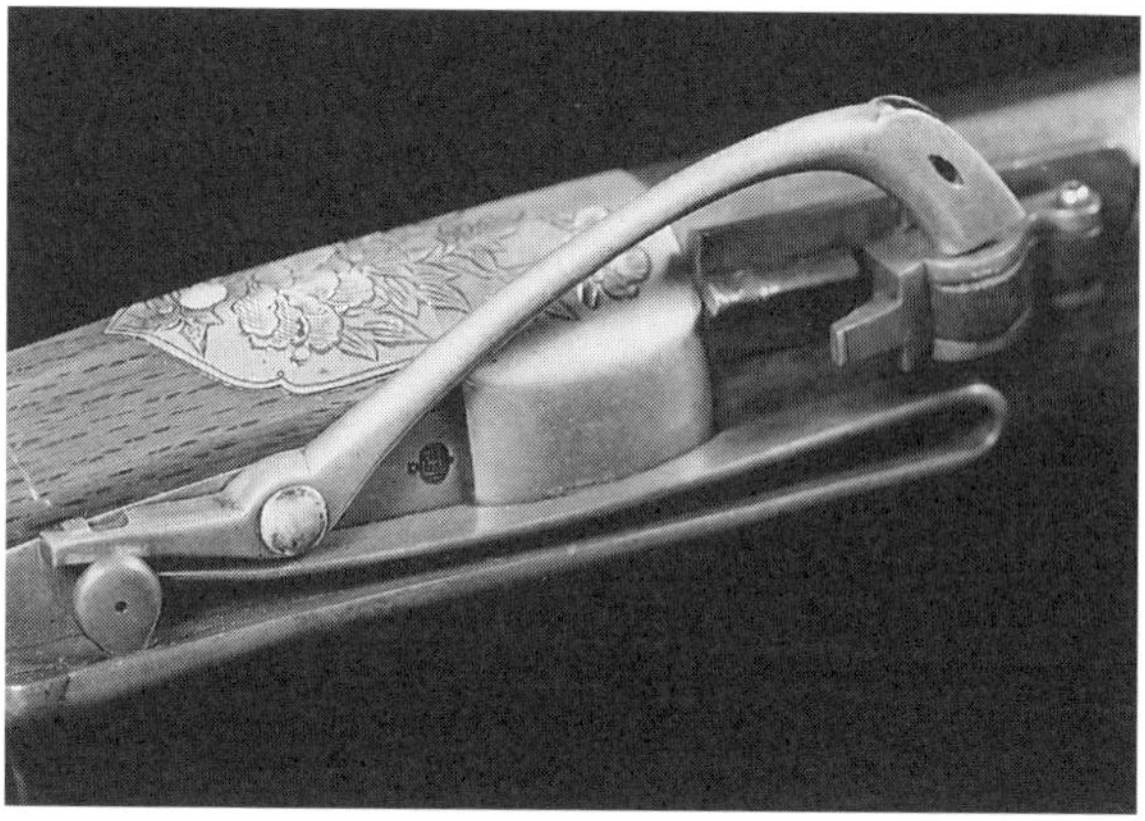

火縄銃の部分

三成はあわてて、家臣の島左近を通じて国友鍛冶を追及、慶長五年七月二十八日、「長浜時代の太閤様との約束を守られよ」との書状を出している。だが、このころ、国友鍛冶が支援する本願寺教如は、家康に会うために東上していた。このとき、国友鍛冶は、鉄砲をたずさえて教如の輿《こし》を警護していたのである。

「天は徳川に利あり」。このことを国友衆はいち早く察知していた。三成の国友鍛冶懐柔策は「時すでに遅し」だった。こうして、同年九月十五日の関ヶ原合戦は終わった。

それにしても、浅井長政の領下でありながら信長の鉄砲をつくり続け、石田三成の領下でありながら徳川家康に通じてきた国友鍛冶衆の、時代を読む目の的確さには驚愕せざるを得ない。街道をかけぬける馬のひづめの音で、すべての鍛冶工人や村人までもが、時代がきしみながら移りゆくさまを、体で感じられる土地柄にあったと言えるのかも知れない。

いずれにしても、国友鍛冶の動向が、戦国時代の日本の歴史を大きくぬり変えた、と言っても過言ではないだろう。

慶長八年（一六〇三）、家康が江戸に幕府を開くと同時に、戦力の絶対優位をめざして鉄砲の備蓄を図った。翌慶長九年三月、家康は国友の鍛冶

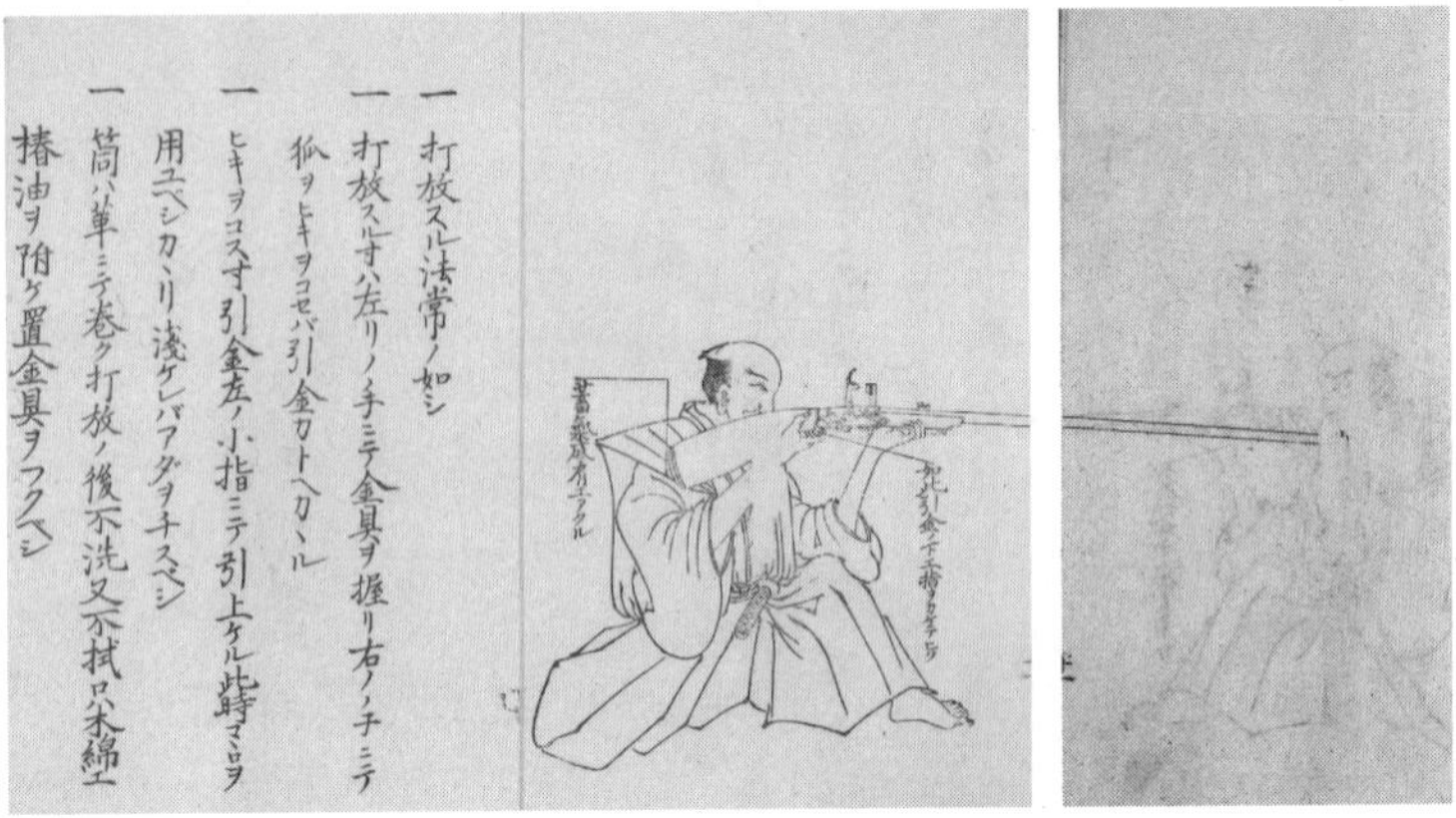

一貫斎が文政二年（一八一九）春に発刊した気泡の説明書「気泡記」（国友一貫斎文書）

総代を江戸へ呼び出し、八百匁玉筒や五十匁玉筒を発注している。これが徳川幕府から国友への最初の発注であった。

翌慶長十年三月には、国友支配の代官（久保嶋孫兵衛）が置かれ、以来、国友は天領として幕府の厳重な統制下におかれるようになった。

国友の鍛冶惣代は「士」に準ずる待遇を与えられ、名字帯刀も許されている。そして、幕府からの大量注文が続き、国友村は空前のブームに沸く。

国友鍛冶は、慶長九年から元和元年（一六一五）まで十一年間にわたって、十一種類に及ぶ各種鉄砲を大量に製作している。この大量発注によって、国友村は鍛冶集団の大組織となり、最盛期には七十余軒の鍛冶屋と五百人をこす職人がいたという。幕府からの注文量を確保するために、全国の諸藩に散っていた鍛冶師を呼び戻している。

徳川家康の命により製造された大小の国友鉄砲は、大坂の陣でその威力を発揮した。また、鍛冶たちも攻囲軍に参加、鉄砲修理などに従事している。とくに、慶長十九年（一六一四）の大坂冬の陣には、五十人の国友鍛冶衆が百姓姿に変装して、大坂城攻略の徳川の陣所に入っている。徳川軍は備前島の片桐且元陣所に国友などの大鉄砲三百挺で放列を敷き、昼夜をわかたず城中を攻撃した。その砲声は、遠く京都や摂津（兵庫県）まで響き

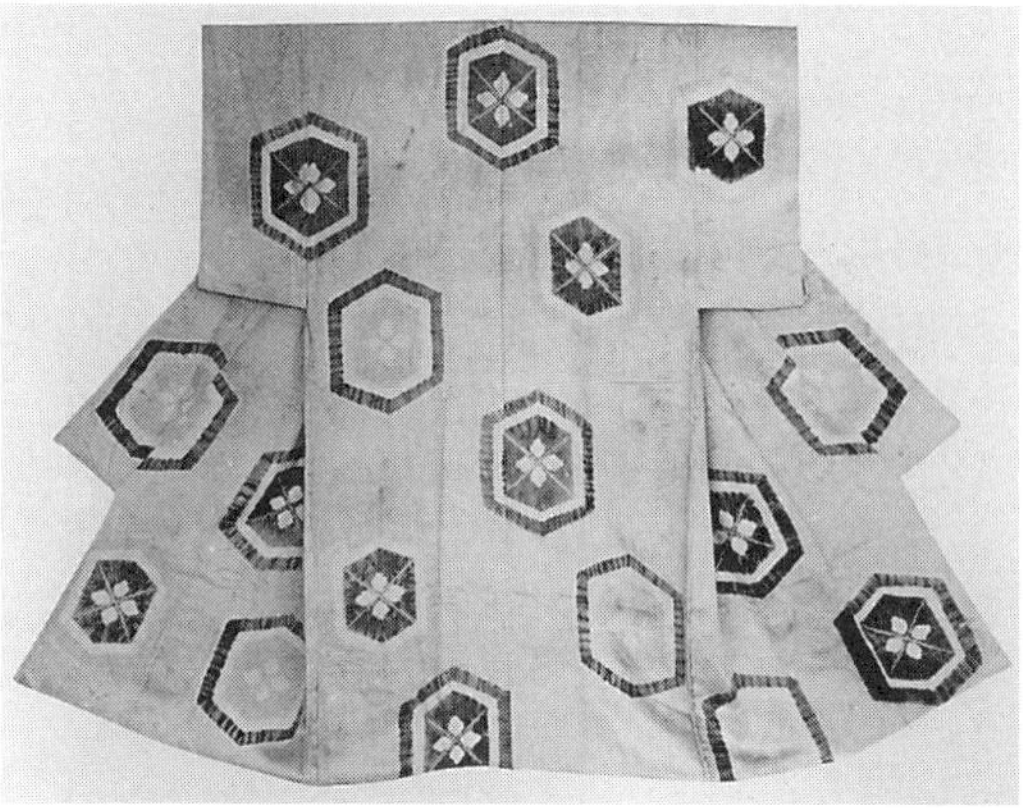

家康拝領辻が花小袖（個人蔵）

わたったという。この砲撃が城内の戦意を喪失させた。大鉄砲が勝敗を決したといえるだろう。

翌年の大坂夏の陣では、六匁筒などが野戦で多く使用され、再び国友鍛冶も従軍している。道中で追加注文をうけたため、あわてて帰村し、急造の筒を急いで大坂へ運んだ、との記録もある。

大坂落城後、家康は国友鍛冶に愛用の着物「辻が花小袖」や「重當《じゅうとう》」の銘を与え、国友村内で八百余石を給付しその功績に報いている。

国友鉄砲が重用されたのは、国友鉄砲の命中率の高さであり、さらに、わが国で最初に分業制度（マニファクチュアー）をとったため、短期量産が可能だったこと、などが考えられる。

命中率の高さは、銃身内部の緻密な仕上げにあった。それはミクロン単位の精度を追求している。そのため、五十メートル先の直径十センチの的に十発中十命中させているほどだ。また、鍛冶師たちは、材料鉄についても厳しい選定眼を持っていた。国友鉄砲の銃身は肌がよいと言われるのもそのゆえんである。材料鉄は、遠く出雲から仕入れていたのである。一貫目筒一挺つくるのに、材料の鉄は百貫目以上要したとされるから、鉄の搬送には大変な労苦が伴ったことだろう。

国友一貫斎斉邸

しかし、天下泰平の世になると幕府からの発注も激減したが、寛文年間（一六六一～一六七二）に入ると再び受注がふえはじめる。寛文四年（一六六四）には千挺の注文が、寛文十二年（一六七二）には二千四百八十二挺の大量注文が、そして宝永六年（一七〇九）には七千四百六十一挺の修理の注文も入ったと記録されている。

国友の里を彩る人々

こうした国友鍛冶の活動のなかで、意外なことは、国友村という一小村が江戸に会所をもっていたことである。いわゆる江戸屋敷であり、江戸駐在員事務所である。

将軍の代替わり等には、国友鍛冶の四年寄と年寄脇代表の五人が将軍にお目見えを許されている。その数は六十回に及んでいる。が、それだけでは江戸屋敷を持つ必要性はうすい。幕府からの受注確保のために、担当奉行（玉薬奉行）との連絡がひんぱんを極めたのであろうし、何よりも江戸における情報収集を重視していたことがうかがえる。

江戸へ赴いたのは鍛冶年寄だけでない。数多くの村人が江戸の土を踏み、

小堀遠州流中興の祖・辻宗範屋敷跡

新しい文物を見聞している。それが、国友で土壌となり、江戸後期に、科学、儒学、医学、文学等多岐にわたる国友文化が花ひらくこととなったのであろう。

著名な人材としては、日本で初めて自作の天体望遠鏡で宇宙観測を行った科学者・国友一貫斎、小堀遠州流中興の祖・辻宗範《そうはん》、儒学者・富永滄浪《そうろう》、御典医・三角有裕《みすみありひろ》、彫金師・国友充昌《みつまさ》らが光っている。

国友では昭和六十三年ごろから、こうした先哲を顕彰し、歴史と伝統を現代に生かした美しい里づくりをすすめようとする「国友文化村づくり」がはじまった。鉄砲の歴史研究と国友製火縄銃買い戻し運動に端を発したまちづくりの取り組みは、会館や資料館の建設、電柱の移設、モニュメントや歌碑の建立、道路や河川の修景、ポケットパークの整備、鉄砲の里まつりの開催など町民一丸となった取り組みで、見ちがえるような町になっている。故司馬遼太郎氏や故吉川英治氏の文学碑は歴史の里にいっそうの重厚感を添えている。

宮部継潤の居城があった宮部神社

五村別院

国友から姉川をこえて北へすすむと、虎姫町宮部の集落に入る。ここには、秀吉が鳥取城主に登用した宮部継潤《けいじゅん》の居城があった。この宮部の西の集落、虎姫町五村《ごむら》の中央に、真宗大谷派五村別院がある。

五村別院も、福田寺や長浜御坊大通寺の項でのべたように、織田信長の軍勢に、鎌や竹槍で立ち向かっていった湖北一向一揆衆の信仰のパワーによって創建された。本願寺が東西分立のとき、五村の郷士・大村形部左衛門が一町四方の屋敷の献納を本願寺十二世教如上人に願い出、六十四ヶ寺がこれに賛同、慶長二年（一五九七）に七間四方の堂舎が建立され、五村道場と呼ばれたのが始まりとされる。大通寺の前身、長浜御堂が創建された翌年だった。

草創のころの寺の歴史は、教如上人の足跡を軌を一つにする。湖北の門徒衆は、顕如・教如の本願寺を支援し、決死の覚悟で上人を護持してきた。それに応えて教如の湖北巡化も度重なっている。

関ヶ原合戦前から、教如と徳川家康の同盟ともいえる関係ができていた。

真宗大谷派五村別院

家康と三成の対立が決定的となる中で、慶長五年（一六〇〇）六月、家康は会津の上杉景勝を討つために東征する。このとき教如は、家康の要請をうけて関東巡化に出発する。が、大垣で三成方（西軍）の織田信秀に行く手をはばまれ、追われる身となる。身代わりを立てなければならないほどで、自らは蓑笠姿で、美濃から近江の甲津原《こうづはら》、吉槻《よしつき》（米原市）、七回り峠をへて、岡谷、八島、湯次《ゆすき》、香花寺《こうけいじ》と逃げのび、早崎（長浜市）から舟で大津をへて京都へたどりついた。その三ヶ月後に関ヶ原で天下が決まり、教如は凱旋する家康を大津で迎えている。

この年の末、家康の命により五村道場で本堂の建築工事が始まった。家康が日下部善助玄昌を普請奉行に任じての工事だった。本堂は慶長七年（一六〇七）に完成を見る。

京都烏丸六条に御堂（現在の東本願寺）が建立されたのは、五村御堂の完成後であった。

五村道場、五村懸所《かけしょ》とも呼ばれた五村御坊は、寛永十五年（一六三八）に改築されている。現在の本堂は、享保六年（一七二一）に起工され、同十五年に上棟されたものである。

現在の寺域は約五千坪（一万六千平方メートル）。毎年八月の夏中《げっちゅう》法要

元三大師として知られる良源の開祖と伝わる玉泉寺。八月には水かけ盆の行事が行われる

は参拝者でにぎわい、虎姫の町が活気づく。また、聞法道場として、五日講や十二日講などが結ばれるようになっていった。

五村別院から県道東野・虎姫線を東へ走ると、左側に、田園の中にひときわ高い豪壮な寺院が目に入る。この寺院は慈恵大師良源の生誕の地と伝わる虎姫町三川《みかわ》の玉泉寺《ぎょくせんじ》で、夏には、稲作の豊凶を占うお水取りの行事「水かけ盆」が行われる。良源は、荒廃した比叡山の復興に尽くした中興の祖で、正月三日に亡くなったことから元三《がんざん》大師とも呼ばれる。この玉泉寺は信長の焼き討ちにあって焼失したが、後に彦根藩主井伊氏の寄進で現在の本堂が建てられた。道はやがて、長浜市内保《うちほ》町で国道三六五号に出る。かつての北国脇往還に沿うように整備されているこの道を関ヶ原に向かって走ると、伊吹山ろくの春照宿に出る。

春照宿、八幡神社

春照は、スンジョ、シュンジョと呼ばれ、現在は、スイジョウという。北国脇往還の宿駅として栄えた村で、宿場の家並みは約七百メートルにもおよんだ。

北国街道の道標が建つ米原市春照の八幡神社

ここの村はずれ、北国脇往還が長浜街道と分岐する角地に八幡神社が鎮座する。戦国時代、幾多の武将が戦勝と武運長久を祈願してきた神社である。創祀は天智天皇七年と伝えられている。

元亀元年（一五七〇）の姉川合戦にあたって、織田信長も徳川家康も、戦勝を祈願したと伝えられている。八幡神社裏の通称「殿山」は、このとき徳川家康が六千人の兵を率いて一泊した陣跡とされている。

天正十一年（一五八三）の賤ヶ岳の戦いの際には、賤ヶ岳の北に着陣した柴田勝家が、濃州道（北国脇往還）を春照まで焼き払ったという記録も残る。賤ヶ岳の戦いが長期戦になると見込んで、いったん大垣城を攻めていた羽柴秀吉が、味方の中川清秀軍の敗北を聞いて、大垣から木之本までの十三里（約五十キロメートル）を五時間で走り通した。いわゆる「大返し」の際に、春照村民が兵たちに飲食の炊き出しをして秀吉の勝利を陰で支えた。喜んだ秀吉は八幡神社に黄金を献じ、戦後、神田を寄進している。

天正十三年（一五八五）には、長浜城主となった山内一豊も社領を安堵している。

八幡神社の角には、「右、北国きのもと　ゑちせん道」「左　ながはま道」と彫られた道標が建っている。また、「鍵曲がり」や「鍵曲がり跡」、さら

北国脇往還春照のまちなみ

に高札場跡、脇本陣跡、常夜燈と市場屋敷などが往時のにぎわいを語り伝えている。
江戸時代、松平越前藩主は、江戸づめ交代のたびに春照で宿泊しており、春照は宿場の面影をよく残している村である。
近世に入ると、北陸と東北を結ぶ交通の要衝としていっそう重視され、江戸時代の中期以降は、関ヶ原から中山道をへて米原港へ運ばれていた荷物が、関ヶ原から北国脇往還の春照宿をへて長浜港へ運ばれることが多かったようである。
また、八幡神社に伝わる太鼓踊り（別掲）は、総勢二百人を超す豪壮華麗な踊りである。雨ごいと豊作祈願、そして豊年満作への返礼の踊りであるが、長い歴史の中で、伊吹山の修験者が加わり、江戸時代の参勤交代のようすを模して行列に加え、村の平和と豊かさをみんなで喜び合ってきたさまが、太鼓、奴、毛槍、法印（山伏）、ほら貝、瓢《ふくべ》などの行列絵巻から垣間見ることができる。水に苦しんできた伊吹山ろくの土地柄と、宿場ならではの祭である。今日では五年に一度、九月二十三日に八幡神社秋祭りに奉納されている。

小谷落城悲話

小谷山一帯に無数の曲輪跡を残す小谷城跡。ことに八合目付近から山頂までは黒金御門、大広間、本丸、中ノ丸、京極丸、小丸、山王丸の各跡が段々になってつづき次第に高みに運ばれる。頂上の山王丸で行き詰まりとなり、裏は急なガケ。七百人の将兵がこの城を守って死んだ。

谷越しに向かい側に見上げられる峰が大獄《おおづく》。そこから見下ろされる小谷山の方が本城になっていた。

天正元年（一五七三）八月、小谷城を見下ろす形の大獄城が、下の焼尾《やけお》のとりでを守る朝見対馬守の裏切りで信長の手に落ち、伊香の田上山に布陣していた朝倉義景《よしかげ》の援軍二万人が、十三日夜、越前に撤退しはじめたことから、戦雲はにわかに動き出した。信長は義景を追いつめて自害させ、宿敵・朝倉氏を滅ぼすと、すぐに近江に引き返して小谷城の総攻撃にかかった。

長政は最期にのぞんで、夫人のお市の方と三人の娘、さらに母阿古を信長に渡し、山上の赤尾邸で切腹した。この時抗戦した浅井方は七百名。彼らの武士魂は、まむしとなって今も山を守っているといわれている。そして戦後隠れ住んでいた臣下の子孫は、四百年余の間、長政父子の位牌を守り、毎年正月に法事をつとめている。

落城後の信長の処分は過酷だった。浅井氏を裏切って信長に味方した浅見対馬守は反逆者として追放、あっさり降伏した老臣たちは不忠者として処刑された。さらに久政夫人の指を数日かけて一本ずつ切り落としながら殺し、長政の九歳の長男万福丸は関ヶ原ではりつけにされた。また信長は久政・長政父子と義景の首を京都市中を引き回したうえ、さらし首にし、それで足りずに、岐阜に持ち帰って、新春の賀宴に飾って酒盛りしたと伝えられる。

一方、落城のさい、真っ先に逃がされたのは、長政の妻お市と、その間にできた長女茶々七歳、次女初五歳、三女督三歳。そして末っ子の万菊丸であったといわれている。後に茶々は秀吉の側室となって、淀殿と呼ばれ、初は京極高次の妻、さらに督は徳川二代将軍秀忠の妻となり、その娘は後水尾天皇を生んでいる。悲惨な最期を遂げた一介の小大名の血が、権力の中枢に注ぎ込まれ、脈々と伝えられて行く。

万菊丸は、福田寺で養育され後に正芸という住職になったと福田寺伝は伝えている。

小谷城の落城後、江北三郡の領主となった秀吉は、長浜のまちへ寺院などをもっていったが、地元の人の、浅井一族への敬慕の念は大きく、小谷城址保勝会が、慰霊碑を建立したり、城跡の清掃を行い、着実に整備されてきた。

小谷山は、悲劇のロマンを秘めながら超然とたたずんでいるようだ。

小谷城本丸跡

近江戦国の文人

戦火にまみれた戦国時代の近江ではあるが、古くからの文化がひらけていたこの地では、武将の中から多くの文人が輩出している。

■日本文化の最高傑作を生んだ小堀遠州

小堀遠州の生家は今も長浜市小堀町に残っている。祖先は総持寺の建立の施主をしたといわれる豪族で、父は浅井、豊臣、徳川に仕えた戦国武将であったが、遠州が跡目を継いだ時は、乱世の世は過ぎていた。

遠州は京都・大徳寺孤蓬庵を設計し、ブルーノ・タウトが「日本文化の最高傑作」と絶賛した桂離宮の庭園も遠州の作といわれている。茶道・華道に秀で、利休の弟子古田織部に学び、独特の感性で「きれいさび」の世界を築いた。近江孤蓬庵は遠州の子、正之が父の菩提寺として建立。南庭は枯山水で奥に滝があり、東庭は、琵琶湖をかたどった池泉庭を形成し、自然の山の傾斜をうまく生かしている。

小堀遠州画像（頼久寺蔵）

■浅井家臣下の友松と山楽

浅井家重臣の子、海北友松《かいほうゆうしょう》は京都・東福寺へ禅の修行に出され、ここで狩野永徳の父、元信に絵を習い、狩野門下で活躍していた頃、砂の上に描いた馬の絵を見た秀吉にその非凡な才を見いだされた平三少年が同門に身を寄せてきた。のちの狩野山楽の少年時代のことである。

山楽の父も友松の父と同じく浅井の家臣であったが、のちに秀吉に仕えていた。

永徳の下で修行を積んだ山楽は、技量をめきめきとあげ、永徳の養子となり、東福寺法堂の天井の雲龍図の修復で一躍その力量が評価され、名声を不動のものとした。山楽の画は豪放でかつ大和絵の伝統の繊細をも兼ね備えていた。

一方、友松は狩野の垣根を飛び越し、独自の画風を開いた。極彩色の屏風から水墨画まで作品は数多いが、中でも「袋人物」と呼ばれる人物画に極限まで線を単純化した技法をみることができる。

山楽の父は浅井家で軽い身分であったためこだわりなく秀吉の庇護《ひご》を受けた。しかし、友松は、一族が小谷城での無念さが残っており、海北家再興をねがっていた向きが感じられる。

戦国の時代に同じ浅井の家臣の中から、有数の文人が輩出されたことは、何か因縁めいたものを感じずにはいられない。

大通寺には山楽の、珀清寺（長浜市瓜生町）には友松の画が現存している。

遠州や友松などの偉人を紹介する五先賢の館（長浜市北野町）

戦火にまみれた湖北

↑福井
北国街道
七々頭ヶ岳
693.1m
柳ヶ瀬
墓
よご
余呉湖
大岩山
中川清秀の墓
365
リフト
ウッディパル余呉
上丹生
大見
重文
十一面観音
医王寺
佐和加乃神社
木之本地蔵
木之本
浄信寺
303
↑岐阜
鶏足寺の文化財
収蔵庫。本尊
十一面観音(重文)
ほか、仏像多し
世代閣
己高閣
戸岩寺
鶏足寺
紅葉名所
石道寺
8
木之本IC
きのもと
西野薬師堂
雨森芳洲庵
495m
須賀谷温泉
小谷城跡
小谷寺
孤篷庵
向源寺
たかつき
〈渡岸寺観音堂〉
国宝十一面観音
隣に歴史民俗資料館あり
山本山
324
余呉川
高時川
224
虎御前山
〈北陸道〉
北国脇往還
お市の里
浅井歴史民俗資料館
鉄砲の里
国友
姉川古戦場
姉川
111
↓長浜
↓米原
春照

福井県
敦賀
敦賀
勝家本陣
玄蕃尾
下塩津神社
深坂越
深坂地蔵
善隆寺
正応寺
佐久間盛政陣跡
8
JR北陸本
中庄
徳円寺
剣熊関跡
黒山石仏群
161
西近江街道
野口
塩津浜
塩津神社
303
奥琵琶湖パークウェイ
腹帯観音
ふるさと資料館
JR湖西線
月出
大浦
えり
丸子船の館
近江の"青の洞門"
西野
湖望
大崎寺
菅浦
サクラ名所約六百本
湖北展望
大津
海津
尾上温泉
古風な家並み
葛籠尾崎
海津大崎の岩礁
周囲二キロ
全島石英斑岩
竹杉密生
宝厳寺は
国宝・重文多し
竹生島
今津
琵琶湖

みちしるべ

◆五村別院

教如上人が開祖。五村御坊と呼ばれ普段は静寂な世界が広がるが、夏中法要には多くの人々が集まり賑わう。ＪＲ虎姫駅から徒歩12分。

☎０７４９―７３―３１３３

◆玉泉寺

元三《かんざん》大師は、のちに天台宗18代座主となった。本尊は慈恵大師像（重文）。西に大師の母堂の墓地や「暇ごい橋」がある。ＪＲ虎姫駅から12分。

☎０７４９―７３―４８５０（虎姫町観光協会）

◆姉川古戦場

元亀元年（１５７０）、浅井・朝倉と織田・徳川の壮絶な合戦が行われ、姉川は真っ赤な血で染まったといわれている。ＪＲ長浜駅からバス野村橋下車すぐ。

☎０７４９―７４―４３５７（浅井観光協会）

◆虎御前山

井筒という泉のほとりの蛇が、旅で知り合った若者との間に、一度に15人もの子どもを産んだ。顔は人間で体は蛇で、嘆き悲しみ湖に身を投げた。この娘を虎姫といい、虎御前山といわれる。小谷城を攻めた織田信長は、この山に砦を築いた。ＪＲ虎姫駅から徒歩15分。

☎０７４９―７３―４８５０（虎姫町観光協会）

◆近江狐蓬庵

小室城主小室正之が、父、遠州の菩提をとむらうために建てた。茶亭、枯山水の庭は「遠州好み」で、琵琶湖をかたどった池は美しい。ＪＲ長浜駅からバス役場前下車、のりかえ上野下車徒歩5分。

☎０７４９―７４―２１１６

◆浅井能楽資料館

江戸時代に使われていた能装束、能面などの資料を展示している。ＪＲ長浜駅から車で20分。

☎０７４９―７４―３８７１

◆お市の里

「糸姫の館」では養蚕を「鍛冶郎屋」では鍛冶場を再現。民間の民俗資料館「七りん館」も移築された。

☎０７４９―７４―０１０１

◆ジョイいぶき

薬草の宝庫、伊吹山麓にある伊吹薬草の里文化センター。２５０種の薬草園、露天風呂が楽しい。入薬剤や薬草茶の販売もある。ＪＲ近江長岡駅からバスジョイいぶき下車。

☎０７４９―５８―０１０５

◆小谷城跡

小谷山山頂から西麓にかけて、本丸跡の石垣や馬洗い池、千畳敷跡が残る。浅井氏三代の居城として江北支配の拠点であり、中世三代山城のひとつであった。ＪＲ長浜駅からタクシーで20分。

☎０７４９―７８―８３０５（湖北町観光協会）

◆小谷寺

もと常楽寺という。戦国時代に浅井氏とのつながりで小谷寺と改称した。姉川の合戦で焼失したが、現在の小谷寺は秀吉が再建。山門脇の松の切株は、お市がお手植えしたものという。ＪＲ長浜駅からタクシーで20分。

☎０７４９―７８―０２５７

◆渡岸寺観音堂（向源寺）

天平8年（７３６）の頃、都に大流行した疱瘡《ほうそう》の除災祈願のために、聖武天皇の命により小谷寺を開基した泰澄《たいちょう》によってきざまれた十一面観音を安置している。神秘性をもつ美しさは、日本屈指の霊像である。ＪＲ高月駅から徒歩10分。

☎０７４９—８５—２６３２

◆観音の里歴史民俗資料館

高月町は、仏教の伝来とともに己高山を中心に仏教美術が開いたところ。古代遺跡の出土品や古い民具の展示、雨乞いの太鼓踊り、また2階には雨森芳洲や山岡孫吉など、郷土先覚者の資料もある。ＪＲ高月駅から徒歩10分。
☎０７４９—８５—２２７３

◆雨森芳洲庵

雨森芳洲の生家跡に建てられた東アジア交流ハウスは、芳洲に関する著書、文献が展示され、研修室もある。芳洲は朝鮮外交に活躍し、朝鮮を礼節の国として尊敬した。日韓交流の拠点になっている。ＪＲ高月駅から車で10分。
☎０７４９—８５—５０９５

◆賤ヶ岳古戦場

東の登山口からリフトで山頂まで5分。山頂から尾根づたいに大岩山までのハイキングを楽しむことができる。有名な「七本槍」の武勇伝が残り、付近には合戦の旧跡が多く、中川清秀の墓や戦死者の首塚と伝えられる五輪石塔、「狐塚」と呼ばれる勝家の本陣跡が残る。ＪＲ木ノ本駅からバス賤ヶ岳下車。
☎０７４９—８２—３００９

◆木之本地蔵院

目の仏さま、延命長寿の仏さまとして、全国からの参拝者がある。庭園・寺内に独特の蛙がおかれている。ＪＲ木ノ本駅から徒歩３分。
☎０７４９—８２—２１０６

◆石道寺《しゃくどうじ》

観音堂に、木肌と唇の朱が温もりを感じさせる十一面観音が安置され、重文指定の寺宝が多くある。ＪＲ木ノ本駅からバス井明神下車徒歩10分。
☎０７４９—８２—３７３０

◆余呉湖

湖の北岸には天女が羽衣をかけたという衣掛柳があり、そのそばの石碑に羽衣伝説が刻まれている。湖周６キロ、流れでる川はあるが、流れこむ川はない。遊歩道が整備され、民宿村もある。ＪＲ余呉駅から徒歩５分。
☎０７４９—８６—３０８５
（余呉町観光協会）

◆ウッディパル余呉

赤子山の山麓にある。山小屋やキャンプ場、林間広場、レストランなどがあり、山菜とり、渓流釣り、ハイキング、冬は赤子山スキー場でスキーが楽しめる。ＪＲ余呉駅から徒歩５分。
☎０７４９—８６—４１４５

◆玄蕃尾城跡

柴田勝家が築いた砦跡。滋賀と福井の県境にそびえる柳ヶ瀬山山頂に土塁が築かれ南北３００メートル、東西１５０メートルの広大な天然の要塞を利用。ＪＲ木ノ本駅からバス柳ヶ瀬下車。
☎０７４９—８６—３０８５
（余呉町観光協会）

◆深坂地蔵

「掘止め地蔵」「塩かけ地蔵」と呼ばれ、昔、平重盛が峠道に運河を掘ろうとしたら、この地蔵が行く手をさえぎったという。塩を運ぶ重要な街道の道中安全に旅人が塩を備えたところから、この名がつく。ＪＲ近江塩津駅からバス鶴ヶ丘下車。
☎０７４９—８９—１１２１
（西浅井町観光協会）

◆奥琵琶湖パークウェイ

西浅井町大浦から月出峠まで18・8キロ。三千本の桜並木、湖の色と木の緑との調和がすばらしい。パークウェイ沿いに展望台、テニスコートなどがあり、湖上に浮かぶ竹生島を眺める景観は最高。夜間と冬期間は通行不可。北陸自動車道木之本ＩＣから車で20分。
☎０７４９—８９—１１２１
（西浅井町観光協会）

野村橋北詰の「姉川戦死者之碑」

姉川古戦場

春照から県境を越えると関ヶ原であるが、国道三六五号を引き返して姉川古戦場に向かう。

往時の街道は、小田、今荘《いまじょう》、佐野、野村、八島《やしま》、尊勝寺《そんしょうじ》、山ノ前、伊《い》部《べ》をへて小谷城下の郡上《ぐじょう》につづいていた。

旧野村橋の北詰めに姉川戦死者之碑が建ち、そこから約三百メートル下流の姉川右岸に血原公園が整備されている。姉川古戦場は、古戦場碑や血原公園のあたりと一般的に思われているが、両軍合わせて五万人ちかい軍勢が激突した戦いの跡は、長浜市東上坂町《ひがしこうざか》、千草町、今《いま》町、三田町、大路町、野村町、西主計《にしかずえ》町にまたがる広い地域である。

ここで浅井・朝倉連合軍一万八千人と、織田・徳川連合軍二万八千人が雌雄を決した。この戦いを浅井、織田は野村合戦とし、朝倉は三田合戦と記している。

なぜ姉川合戦はおこったのか、信長の妹を妻に迎えている浅井長政が、なぜ義兄の信長と対決せねばならなかったのか。

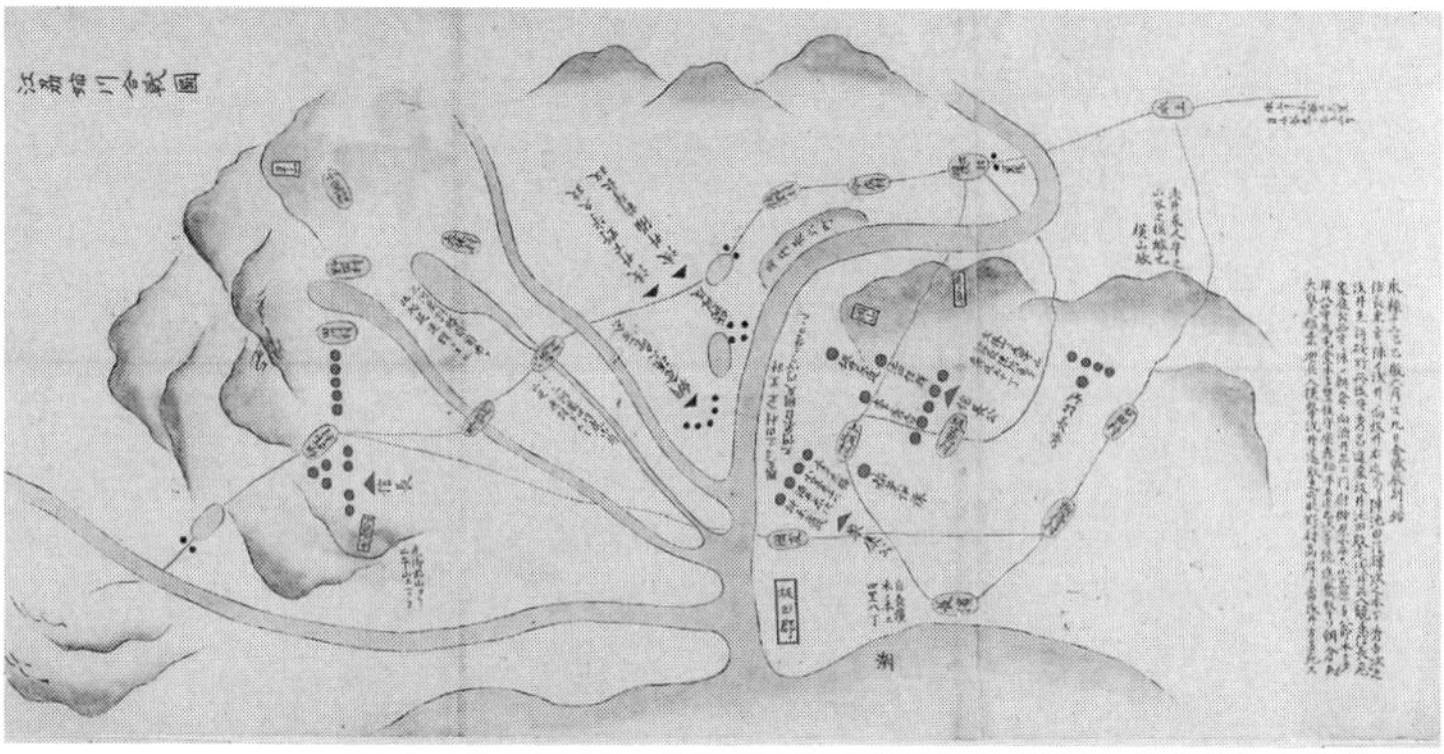

姉川合戦図（長浜城歴史博物館蔵）

そこには、長政の祖父亮政《すけまさ》時代からの越前朝倉家からの攻守同盟があった。以前から織田と朝倉は犬猿の仲だった。信長が足利義昭をおし立てて念願の上洛を果たし、天下の権を握ったあとも、朝倉は信長の指示を無視してきたため、信長の朝倉攻めとなった。

信長が敦賀の金ヶ崎城を包囲して、朝倉の本拠を衝こうとしたとき、浅井長政が背後で兵を挙げて朝倉を支援した。はさみ打ちに遭った信長は袋のねずみ。秀吉の奮戦で命からがら京へ逃げ帰った。世に名高い「金ヶ崎の退き口」である。

義弟、浅井長政の裏切りを信長は烈火のごとく怒った。そして二ヶ月後、徳川家康の援軍を得て長政の居城小谷《おだに》に迫った。

小谷城は、難攻不落を思わせる山城。信長は虎御前山に陣を張り、浅井の支城・横山城の攻撃にかかる。横山城は近江と越前を結ぶ要路にあるため浅井の生命線。これは一大事と長政は朝倉と合流して大依山《おおい》に陣を張る。浅井を城外へおびき出した信長は、龍ヶ鼻に陣を移す。こうして、上図のように両軍のにらみ合いとなった。

元亀元年（一五七〇）六月二十八日午前六時（信長公記）、まず朝倉方が岡山（長浜市千草町）の家康の陣を攻めた。が、徳川方が朝倉勢の側面

長浜市三田町の古戦場碑。血原の地名が残る

をつき、姉川河原の戦闘で朝倉勢を追い返す。
十二段に構えた織田の本陣へは、浅井長政が自ら攻め込み、十一段まで け散らし、いまひと息で信長の本陣に突撃というとき、朝倉勢の後退で浅井軍は総崩れ、小谷城へ逃げ込む以外になかった。このとき、三方からの攻撃をうけた浅井方の陣中は、みるみるうちに死人の山を築いたという。死者数千人。長浜市野村町から三田町にかけて、いまも残る血原、血川の地名が、当時の惨状を伝えている。姉川の水が鮮血で染まったという話も想像に難くない。

こうして、姉川合戦は織田・徳川連合軍の圧倒的勝利に終わった。が、長政はまだ小谷城にいる。信長は浅井軍を破滅させることはできなかった。浅井の要衝・横山城を手に入れた信長は、ここを木下藤吉郎に守らせる。実質的な江北の領有であり、藤吉郎は一ヶ月後の七月には竹生島《ちくぶしま》に安堵状を出しているほどだった。

明けて元亀二年、信長は浅井の支城・佐和山城主磯野員昌《かずまさ》を降参させ、伊勢長島の一揆を潰滅し、比叡山の堂塔を焼き払い、小谷城を威嚇する。

そして元亀三年（一五七二）三月、三十九歳の信長は、今度は五万の大軍を率いて小谷城へ攻撃をかけた。

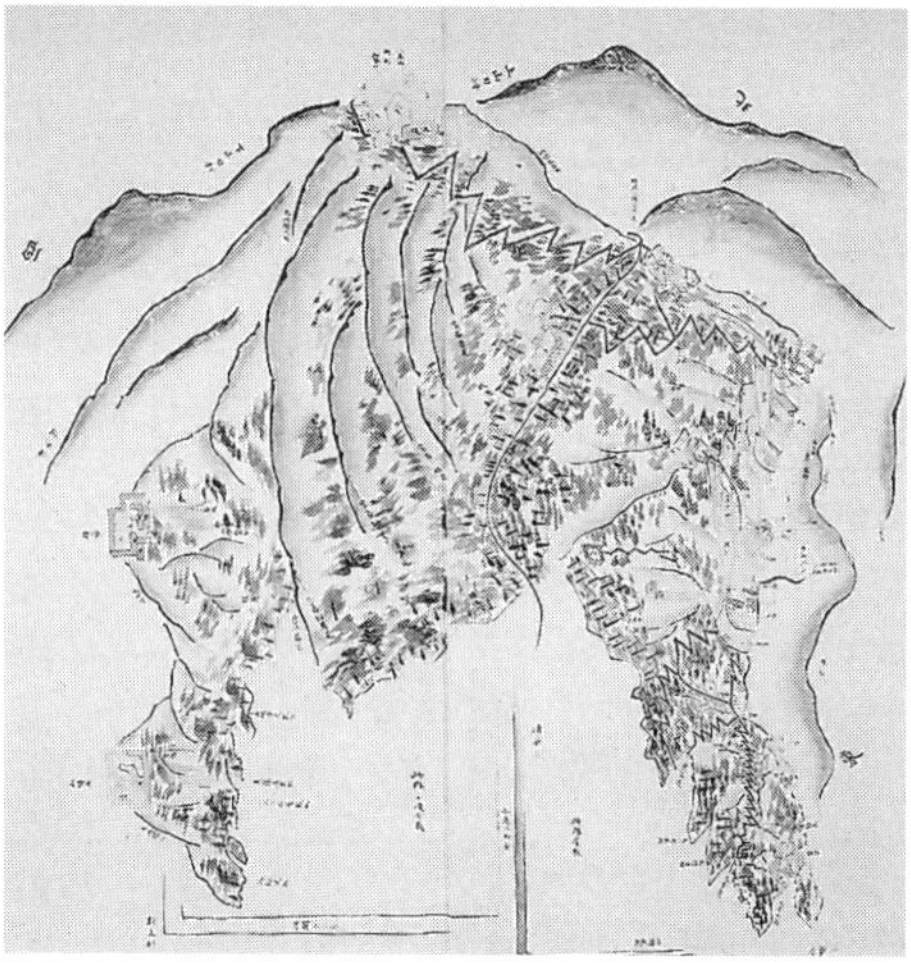

小谷城絵図（個人蔵）

小谷城跡

姉川合戦の激戦地、野村橋のあたりから、国道三六五号を北へいくと、約六キロメートル、車で五分ほどで小谷山ろくにたどりつく。山ろくから仰ぎ見る小谷山はかなり急峻な山城である。

標高四百九十五メートルの山頂から南へ伸びた尾根上に、小谷城は南北につらなっていた。

最後部に大獄を設けて後方からの攻撃に備え、南へ山王丸、京極丸、中丸、本丸、大広間、黒金門、馬洗池、金吾丸、出丸とつづいていた。西の尾根には、福寿丸、山崎丸の砦が配されている。この二つの尾根の間に約一キロメートルにわたって入りこんでいるのが清水谷《しみずだに》で、ここに浅井氏の居館や家臣の屋敷、寺院などが軒をつらねていた。清水谷の入口には、東本町、西本町、本町、横町、呉服町、殿町、小谷市場、知善院などの小字名が地籍図に残っている。湖北町郡上から伊部にかけて城下町が形成されていたようすがうかがえる。

現在は、金吾丸まで舗装ずみ林道が整備されており、車で登ることがで

小谷城跡の家臣の供養塔

きる。そこから大広間跡までは、歩いて二十分ほどの距離である。

金吾丸から、御茶屋跡、御馬屋、馬洗池、桜馬場、黒金門をへて大広間跡にたどりつくと、点在する礎石から板葺きの美しい御殿を想像することができる。

大広間の東側の山陰の赤尾屋敷が長政自害の地。ここには訪ねる人の手向けの花が絶えない。

大広間跡から山王丸までは、椿の老木が多いなだらかな尾根づたいの探訪コースだが、そこから六坊谷を下って大獄への道は、一時間ほどのけわしい山道である。

浅井氏の台頭と滅亡

浅井氏は、もと浅井郡丁野《ようの》（湖北町）の土豪で、江北三郡の守護・京極氏の有力家臣だった。亮政の時代、大永五年（一五二五）ごろに小谷城を築城している。天文三年（一五三四）には、清水谷の居館に君主京極高清父子を饗応し、事実上の江北支配権の委譲に成功した。しかし、たびたび湖南の戦国大名六角氏の侵入をうけており、越前朝倉氏を頼って急場をし

小谷城大広間跡付近

のいでいた。久政の時代は六角氏への臣従に終わっていたが、長政のとき六角氏と前面衝突して大勝。以後、みるみるうちに領国を拡大していった。その最盛期は永禄（一五五八～一五六九）の後半で、犬上郡や高島郡の一部も勢力下に入れていたほどだった。

姉川合戦から三年が経過した天正元年（一五七三）八月、将軍足利義昭を追放した信長は、浅井・朝倉を討つために五万の大軍を率いて虎御前山に着陣する。

まず、周辺の浅井の出城を崩して小谷城を孤立させ、兵二万人の朝倉の援軍を木之本あたりで身動きがとれないようにして浅井・朝倉の連絡を遮断、大獄を陥し、丁野城を陥落させて火を放ち、戦況不利とみて敗走する朝倉軍を一乗谷の居城まで追いつめて義景を自害させ、小谷城を攻めた。秀吉が京極丸を攻撃して本丸の長政と小丸の久政を分断、信長は長政に降伏をすすめたが、妻のお市と三人の娘は秀吉の手をへて信長のもとに送り、自らは本丸を出て赤尾屋敷で自害する。ときは天正元年八月二十八日、長政二十九歳。十六歳で久政に代わって浅井家を継いで十三年、浅井家は三代五十一年で滅亡した。

長政自刃の翌日、信長は久政・長政父子の首と、越前から届いた朝倉義

浅井長政、お市夫婦像（徳勝寺蔵）

景の首を京都に送り、市中を引き回して頭蓋骨をうるしと金粉で塗り固めて箔濃《はくだみ》にさせ、天正二年正月の岐阜城での宴で、これで酒盛りをしたという。信長の残忍さを伝える逸話である。

長政が、死後も久しく天下の同情を集めてきたのは、妻子ともども城と運命を共にする戦国の世のならいの中で、愛する妻と子の幸せを祈って命を永らえさせたこと、そして三人の娘が別掲のように日本の歴史を飾る生涯を送ったことのほかに、信長の横暴が長政の謙譲をきわだたせてきた一面がある。

長政の法号は天英宗清居士。文武に秀でた近江人だった。釈教に帰依し、死後の大事と無常迅速の義を観じ（東浅井郡志）、敵と通じた家臣には寛大な処置をとり、和歌や連歌を楽しんでいる。凶作年の田租免除などの徳政も光る。

城跡に多く自生する椿の木を見て、作家の田中澄江さんは「長政は茶の道、人の道のわかる人。男の美学を感じます」と話されていた。

小谷城の南山ろくには、浅井家の菩提寺、真言宗如意輪山小谷寺《おだにじ》がある。

国宝十一面観音像のある渡岸寺観音堂（向源寺）

賤ヶ岳古戦場

小谷城跡から国道三六五号を北上して賤ヶ岳へ向かう。清水谷の出口の集落が郡上、その北が丁野。清流の里・馬上《まけ》をへて高時川を渡ると渡岸寺《どうがんじ》。ここの観音堂（向源寺）の十一面観音は、兵火をまぬがれるために村人が御尊像を土中に埋めて守ったとされる国宝の観音さまである。その北が井口《いのくち》。井口弾正の居城であった村であり、雨森《あめのもり》の集落が接している。雨森は江戸時代に対馬藩にあって、朝鮮との国交に誠心をつらぬいた外交官・雨森芳洲を生んだ村である。井口から持寺《もちでら》をへて木之本に入る。

柴田勝家と羽柴秀吉が争った賤ヶ岳合戦で、秀吉の本陣は木之本の田上《たがみ》山に置かれており、賤ヶ岳と余呉湖の東（大岩山、岩崎山）、北（神明山、左祢山など）に砦が配されていた。

賤ヶ岳へは山ろくの大音《おおと》からリフトで山頂まで登ることができ、北に余呉湖をへて、柴田勝家の大軍がひしめいていた砦群を一望することができる。

倉坂峠・玄蕃尾城に至る道の分岐点には「右えちぜん 左つるが」の道標がたつ

賤ヶ岳古戦場は、賤ヶ岳の山頂付近だけではなかった。

余呉湖の北に二十五を超す砦が築かれていたことが、滋賀県教育委員会の中世城郭分布調査で明らかになってきた。

その最も堅固な砦は、勝家の本陣が置かれた玄蕃尾《げんばお》城である。標高四百四十メートルちかい中尾山の山頂に築かれており、勝家が拓いたとされる栃ノ木峠越えの北国街道（現国道三六五号）を東方眼下に見下ろし、西に若狭街道を見下ろす要地にある。

ここに前年に砦が築かれていた。いまもその輪郭が判然としている。付近の砦の大半は、玄蕃尾城とともに築かれたとみられる。

このように周到な準備のもとに、勝家は秀吉との決戦に備えた。勝家と秀吉にとっては、天下分け目の賤ヶ岳だったのである。

信長の跡目争い

きのうの友は今日の敵。信長亡きあと、後継者を決める清洲会議で、二人の離反は決定的となった。

信長の三男信孝を跡目にしようとした勝家と、信長とともに本能寺で殉じた長男信忠の遺児三法師《さんほうし》を推す秀吉との対立であった。

勝家は、伊勢の滝川一益、岐阜の織田信孝と組んで秀吉と対決したため、秀吉は三つの戦を同時に進めたようなものだった。

天正十年（一五八二）十月、秀吉は京都大徳寺で主君信長の葬儀を盛大に執り行うと、勝家の養子柴田勝豊が入城していた長浜城を囲んで開城させ、長浜を拠点に戦の態勢を整える。

明けて天正十一年（一五八三）二月、秀吉は伊勢の滝川一益の諸城を攻撃する。三月に入ると勝家が賤ヶ岳の北へ陣を動かしてきたため、秀吉も木之本に着陣。以後、両軍の小ぜり合いが続く。

長期戦になるとにらんで、秀吉が岐阜攻めのための大垣城に入って間もない四月二十日、余呉湖の東の大岩砦が佐久間盛政に攻められ、中川清秀が討ち死にしたという知らせが飛びこんできた。

秀吉の大返し

秀吉はすかさず、一部の兵を大垣に残して木之本へ引き返す。大垣・木之本間の村々に、兵糧の炊き出しと松明の用意を命じ、十三里（約五十キロメートル）の道のりをわずか五時間で駆け戻った。いわゆる「秀吉の大返し」である。

松明の火は秀吉の大軍到着を思わせた。あわてた佐久間盛政は大岩山から深夜の移動を開始する。余呉湖の南、賤ヶ岳から西、北へ山づたいの退却だった。

夜明けとともに秀吉軍の若武者たちは追いかける。時間とともに秀吉軍は津波のように数を増す。盛政隊の側面からも攻撃をかける。逃げまどう盛政隊、それを望見していた盛政の後方支援部隊も総崩れ。秀吉軍は余呉湖の西から北へ攻めこみ、今市の北に着陣していた勝家の退路を断つような地点にまで侵入、勝家の本陣も散り散りになっていった。

勝家は、ほとんど戦わずして味方の総崩れのため、逃げ落ちなければならなかったのである。

勝家、北ノ庄で自害

秀吉軍は北ノ庄まで勝家を追いかけ、九重の天守をもつ堅固な城を包囲する。そして、勝家はお市の三人の娘を秀吉に渡し、お市や家臣たちとと

七本槍勇者のひとり
脇坂甚内安治の屋敷跡（長浜市）

もに自害し、炎の中に消えたのである。

攻略にほんろうされた悲運の女お市は、つぎのような辞世の句を勝家と交わしながら、自ら命を断っていった。

さだならぬ　打ちふるほども　夏の夜の
別れを誘ふ　ほととぎすかな　　お市

夏の夜の　夢路はかなき　跡の名を
雲井にあげよ　山ほととぎす　　勝家

勝家とお市の無念の心情が伝わってくる。勝家の頬を伝う涙が見えるようだ。血涙悲し北ノ庄である。

悲劇の裏には歓喜がある。秀吉と七本槍の若武者たちだ。賤ヶ岳合戦の勝敗を決めたのは、「大返し」に見られる秀吉の間髪を入れない勇猛果敢な行動力だったといえるが、大岩山を占拠した佐々間勢を追撃、あるいは側面攻撃して、総崩れのきっかけをつくった秀吉方の若武者の活躍は、「七本槍の勇者」として今日に語り継がれてきた。

七人の侍は、福島市松正則、加藤虎之助清正、加藤孫六嘉明、平野権平長泰、脇坂甚内安治、糟谷助右ヱ門武則、片桐助作且元である。

賤ヶ岳山頂より、虎御前、小谷、伊吹をのぞむ

つわものどもの夢のあと

賤ヶ岳の山頂に立つと、北、南、東へと近江をつらぬく戦国の道は、野望を秘めた武将たちが天下をめざした夢路だったことを実感する。そして、時代を変えるつむじ風が吹き抜けていったと思わざるを得ない。

近江の地には、一木一草にまで歴史が宿る。賤ヶ岳からは、見渡すかぎり戦場だった。膨大な人と金がつぎこまれて築き上げられたであろう玄蕃尾城をはじめとする多くの砦。そこは、一度も戦場となることなく夏草に埋もれてきた。

戦には、無駄骨、浪費がいかに多いことか。どれほど庶民が苦しんできたことか。一家の主や家や財産や田畑を失ってきた多くの民衆。その犠牲の上で一つの歴史が生まれてきたことを忘れてはならないだろう。

時代を超えて語り継がれる史実の根底に流れるものの中から、勇気と決断と耐えることの大切さに気づかされる。語り継がれる先人の魂にふれて、勝者の軌跡のみでなく、敗者の立場も見つめてみたい。

（吉田　一郎）

近江歴史回廊

【探訪10ルート】

【湖北観音の道】

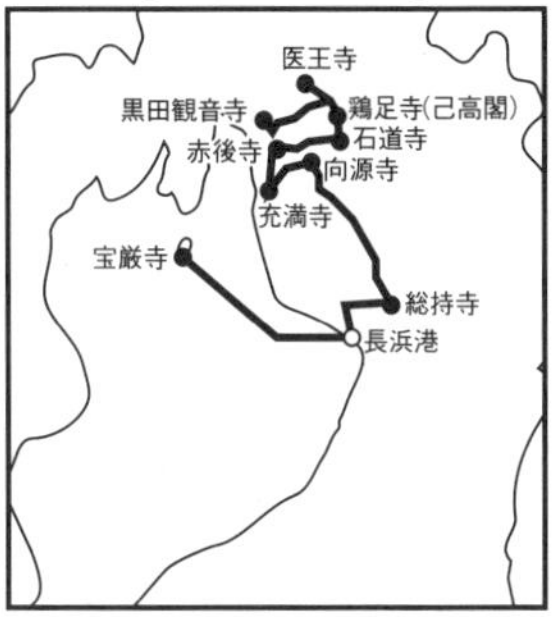

【湖南観音の道】

【比叡山と回峰の道】

【湖東山辺の道】

【湖西湖辺の道】

【近江東海道】

【近江商人の道】

【近江中山道】

【近江万葉の道】

【近江戦国の道】

■野洲市　野洲市教育委員会　077-587-1121

永原城（永原）

永原氏の城館で、のち佐久間信盛が入城。天正2・3年に信長が投宿した。

■日野町　日野町教育委員会　0748-52-6566

音羽城（音羽）

日野城以前の蒲生氏の居城。

日野(中野)城（西大路）

大永5年以後、蒲生氏の本城。

■甲賀市　甲賀市教育委員会　0748-86-8002

水口城（水口町水口）

碧水城ともいわれ、寛永9年に築城。残存していた石垣や堀を平成3年に修復、現在は水口城資料館。

■湖南市　湖南市教育委員会　0748-77-6250

石部城（石部）

石部氏の城。信長により落城。

■大津市　大津市歴史博物館　077-521-2100

膳所城（丸の内町、本丸町）

家康が大津城を移転させて天下平定後最初に築城した水城。現在は公園。

坂本城（下阪本町）

元亀2年に明智光秀が築城した天主を持つ水城。石垣や礎石建物が発掘されている。

大津城（浜大津港）

坂本城廃城にともない築城。礎石や石垣が検出。浜大津港に城跡の石碑が建つ。

宇佐山城（錦織町）

対浅井・朝倉戦で森可成が築城。石垣が良好に残る。

壺笠山城（坂本本町）

浅井・朝倉軍が陣を取る。大手沿いに郭群が残存。

堅田陣屋（本堅田）

堀田正高による陣屋・町割り。

■高島市　高島市教育委員会　0740-32-1132

大溝城（勝野）

織田信長が甥の織田信澄に築かせた水城。天守台石垣が残る。

新庄城（新旭町新庄）

大溝城築城にともない廃城。発掘調査で二の丸・三の丸確認。

朽木陣屋（朽木野尻）

堀・土塁の一部と石垣井戸が残る。朽木資料館が建つ。

近江の主な城郭・城跡

■湖北町　湖北町教育委員会　0749-78-1001

小谷城（郡上・伊部）

浅井3代の居城。姉川合戦で落城後も秀吉が入城するが長浜城築城で廃城。遺構は良好に残る。

■長浜市　長浜市教育委員会　0749-62-4111

長浜城（公園町）0749-63-4611

天正3年に秀吉が再築城。柴田勝豊、山内一豊など城主が代わり、元和元年に廃城。昭和58年の長浜市制40周年に再興され、現在は長浜城歴史博物館。

横山城（石田町）

浅井氏が築城。姉川合戦後、小谷城攻めの拠点として秀吉が入城。周辺は公園になっている。

■米原市　米原市教育委員会　0749-55-2040

鎌刃城（番場）

戦国時代の山城で堀氏の居城。浅井・織田攻防戦の舞台となり、のち信長の直轄となった。竪堀群や石樋が残存。

上平寺城（上平寺）

京極氏の居城。

■彦根市　彦根市教育委員会　0749-22-1411

彦根城（金亀町）0749-22-2742

国宝、琵琶湖八景のひとつ。

佐和山城（古沢町）

石田三成の居城、ハイキングコース。

■安土町　安土城郭調査研究所　0748-46-6144

安土城（下豊浦）

信長天下布武の拠点。近世城郭の原点。本能寺の変後に焼失。近年、大手道や周辺の石垣などの整備作業がすすむ。天主には礎石や石垣が残る。

観音寺城（石寺）

繖山山上に広がる近江守護六角氏の居城。中世山城として全国一の規模を誇る。信長の侵攻で落城

■近江八幡市　近江八幡市教育委員会　0748-33-3111

八幡山城（宮内町）

天正13年に豊臣秀次が築城。山麓に居館、八幡堀や町割りはこの時できた。山頂には城郭が残る。

岡山城（牧町）

九里氏の居城で水茎城とも呼ばれる。湖中の浮き城。城跡には石碑が建つ。

長光寺城（長光寺町）

柴田勝家の瓶割りで有名。瓶割城ともいわれる。

馬淵城（馬淵町）

馬淵氏の祖・佐々木宏定の居城。

参考文献

●

小学館「大系日本の歴史・第八巻」／中央公論社「日本の歴史・第十二巻」
「滋賀県八幡町史・上」／「近江蒲生郡史・巻三」
角川書店「角川日本地名大辞典・滋賀県」／徳永真一郎「戦国の近江」
近江八幡郷土史研究会「豊臣秀次」／荒木六之助「関白秀次評伝」
近江八幡市教育委員会「八幡山城遺跡現地説明会資料」
八幡堀を守る会「八幡堀」／彦根城博物館「佐和山城とその時代」
彦根城博物館「彦根の歴史—ガイドブック—」
彦根城博物館「井伊家伝来の名宝」／彦根市役所「彦根市史」
滋賀県教育委員会「中近世古道調査報告書Ⅰ　朝鮮人街道」
びわこビジターズビューロー「びわ湖観光ガイドブック2003」／滋賀県観光連盟「近江の顔」
大津市「大津の城」／サンブライト「近江のやきもの」
サンブライト「近江の武将」／秋田書店「近江歴史紀行」
京都新聞社「近江史を歩く」／サンライズ出版「淡海の芭蕉句碑」
山川出版「滋賀県の歴史散歩」／平凡社「滋賀県の地名」
サンライズ出版「近江戦国の女たち」／サンライズ出版「図説 安土城を掘る」

資料提供者・ご協力者（敬称略）

●

安土城郭調査研究所／大津市歴史博物館／彦根市立図書館
春光院／崇徳寺／彦根城博物館／山崎公民館
龍潭寺／寿聖院／山田豊三郎
木村忠之／彦根市／安土町／和田理
本徳寺／木瀬和男／長興寺／長浜城歴史博物館
国友鉄砲の里資料館／辻村耕司／キッドスタジオ
安土城考古博物館／頼久寺／宗安寺
京都瑞泉寺／近江八幡市／近江八幡市立図書館
浄顕寺／西明寺／徳源院

イラストマップ　吉野晁生

近江歴史回廊
近江戦国の道（新版）

●

2006年4月1日　第1版第1刷　発行

●

著者ⓒ　木村至宏／1935年生まれ／成安造形大学学長
中森　洋／1949年生まれ／大津市教育委員会
中島伸男／1934年生まれ／郷土史家
谷口　徹／1953年生まれ／彦根市教育委員会
吉田一郎／1942年生まれ／元長浜城歴史博物館館長

●

発行者／西川幸治
企画／近江歴史回廊推進協議会（滋賀県文化振興事業団内）

編集・発行／淡海文化を育てる会
〒522-0004　滋賀県彦根市鳥居本町655-1
TEL 0749-22-0627

発売元／サンライズ出版
印刷・製本／P―NET信州

ISBN4-88325-286-8 C0026

●